Hebei Sheng Nongcun Gonglu Xiangmu

河北省农村公路项目

Gongcheng Kexingxing Yanjiu Baogao Bianzhi Jishu ji Anli

工程可行性研究报告编制技术及案例

河北锐驰交通工程咨询有限公司　编著

人民交通出版社股份有限公司

北　京

内 容 提 要

本书为公路养护设计咨询系列丛书之一，可供公路等级三级及以下农村公路新改建及养护项目参考。其主要内容为农村公路新改建及养护项目工程可行性研究报告编制技术要点、文本格式、内容要求及实用案例。特别说明：技术等级二级及以上农村公路，技术方面可参照普通干线公路相关内容编制，管理和政策的把握方面可参考本书的相关编制内容。

本书可供公路新改建及养护从业人员使用，亦可供相关行业人员参考。

图书在版编目（CIP）数据

河北省农村公路项目工程可行性研究报告编制技术及案例/河北锐驰交通工程咨询有限公司编著．—北京：人民交通出版社股份有限公司，2020．8

ISBN 978-7-114-16768-3

Ⅰ．①河… Ⅱ．①河… Ⅲ．①农村道路—道路工程—工程项目管理—可行性研究—研究报告—编制—河北 Ⅳ．①U415

中国版本图书馆 CIP 数据核字（2020）第 144289 号

书　　名：河北省农村公路项目工程可行性研究报告编制技术及案例
著 作 者：河北锐驰交通工程咨询有限公司
责任编辑：袁　方　杨　思
责任校对：孙国靖　龙　雪
责任印制：刘高彤
出版发行：人民交通出版社股份有限公司
地　　址：（100011）北京市朝阳区安定门外外馆斜街 3 号
网　　址：http://www.ccpcl.com.cn
销售电话：（010）59757973
总 经 销：人民交通出版社股份有限公司发行部
经　　销：各地新华书店
印　　刷：北京鑫正大印刷有限公司
开　　本：880×1230　1/16
印　　张：7.25
字　　数：144 千
版　　次：2020 年 8 月　第 1 版
印　　次：2020 年 8 月　第 1 次印刷
书　　号：ISBN 978-7-114-16768-3
定　　价：50.00 元
（有印刷、装订质量问题的图书由本公司负责调换）

前　言

截至2019年底，河北省公路通车里程共计19.7万km，其中农村公路总里程16.8万km，占比85%。农村公路的组成比较复杂，按行政等级划分，县道1.2万km，乡道4.6万km，村道11.0万km；按技术等级划分，一级公路806km，二级公路9380km，三级公路1.9万km，四级公路13.5万km，等外路3958km。农村公路乡道以沥青混凝土路面为主，村道以水泥混凝土路面为主，四级及以下公路占比83%，三级及以下公路占比94%。

近年来从国家到地方，把建设农村公路的重要意义提高到了实施乡村振兴战略、打赢脱贫攻坚战的高度，为推进农村公路建设明确了意义、指出了方向。农村公路是现代综合交通体系的重要组成部分，是农村生产生活重要的基础设施，分担着经济发展、民生改善的重任。推动农村公路高质量发展，是当前和今后一个时期公路交通建设的重要发展方向。

河北锐驰交通工程咨询有限公司为配合行业管理部门规范农村公路工程项目前期工作，提高项目决策的科学性和农村公路建设资金的利用效率，结合公司近年的经验，针对技术等级三级及以下农村公路，完成了本书编著。本书的编著是我们在完成项目的过程中逐步积累和完善的技术成果，更是我省从事农村公路建设管理的诸多业内人士集体智慧的结晶。期望本书能够促进河北省的农村公路新改建及养护项目工程可行性研究报告编制技术发展，为从事农村公路管理和技术咨询的单位和技术人员提供帮助。

本书可供技术等级三级及以下农村公路新改建及养护项目参考。其主要内容为农村公路新改建及养护项目工程可行性研究报告编制技术要点、文本格式、内容要求及实用案例。特别说明：技术等级二级及以上农村公路，技术方面可参照普通干线公路相关内容编制，管理和政策的把握方面可参考本书的相关编制内容。

本书由王子鹏、王海兰、张艳梅主持编著，王海兰统稿，朱建民主审。主要起草人：胡杨、杨森、孙倩、杜永亮、高博、潘菲、高进帅、邢小高、何永成、王国昀。案例部分主要完成人：玄少鹏、胡晨霞、李昀阳、李阳阳、张玺、贾梓、温立影、王之光、刘阳、武晓琳、王涛、付会德。

在本书编写过程中，得到了刘秀菊、戴忠华、赵东方、郑栩峰、何利民、张召、张海伟等业内专家精心指导，并提出了诸多修改意见和建议，为提升本书的质量和技术水平给予了极大帮助。特别是刘桂霞、雷伟、金凤温、赵建红、王喜刚、高金虎正高工给予了大力支持，为本书的顺利出版提供了保障，在此一并致谢。

因时间仓促，疏漏及偏颇之处恳请读者批评指正。

联系地址：河北省石家庄市平安南大街30号，电话0311－86089559，邮箱Hebreach@vip.163.com。

编　者

2020年7月

目　　录

第1章 编制要点

1.1 熟悉并掌握现行农村公路相关管理办法和制度要求

现行农村公路相关管理办法和制度如下：

《农村公路建设管理办法》(中华人民共和国交通运输部令 2018 年 第4号)；

《农村公路养护管理办法》(中华人民共和国交通运输部令 2015 年 第22号)；

《河北省农村公路建设管理办法》(冀交公路〔2010〕317 号)；

《河北省农村公路养护管理办法》(冀交公路〔2011〕779 号)；

《河北省农村公路养护管理实施细则》(冀交公路〔2006〕240 号)；

《河北省农村公路养护管理考核办法》(冀交公路〔2013〕370 号)；

《农村公路建设质量管理办法》(交安监发〔2018〕152 号)；

《河北省交通运输扶贫攻坚三年行动计划(2018—2020 年)》(冀交公路〔2018〕577 号)；

《国土资源部关于促进农业稳定发展农民持续增收推动城乡统筹发展的若干意见》(国土资发〔2009〕27 号)。

对这些文件的学习是了解河北省农村公路发展背景,掌握发展趋势的必要条件。目前,河北省农村公路项目工程可行性研究报告由县级发改部门审批,大多使用县级财政资金完成项目的实施,应综合考虑落实县级发改部门和项目执行单位对编制内容的要求。

1.2 认真研究农村公路工程技术标准和规范

近年来关于农村公路出台了一系列标准和规范,应重点关注以下文件：

《乡村道路工程技术规范》(GB/T 51224—2017)；

《小交通量农村公路工程技术标准》(JTG 2111—2018)；

《农村公路养护技术规范》(JTG/T 5190—2019)；

《农村公路养护预算编制办法》(JTG/T 5640—2020)等。

对这些规范的研究学习和应用,是合理编制农村公路新改建及养护项目工程可行性研究报告的必要条件。

1.3 对河北省农村公路现状情况的总体把握

农村公路包含技术等级一级到四级公路,本书重点针对占比 94% 的三级及以下农村公路,公路技术指标较为复杂。例如,路基宽度变化较大,从2.5~7m有多种宽度数据,路基宽度与技术标准的对应关系不严格;平曲线设置制约因素较多,尤其是受视距的限制较严重。在考虑其技术标准的选用时,应综合线形和路基宽度需求,重点与线形标准对应统一。另外,由于农村公路主要结构物大多超过设计使用年限,使用期间实施的养护工作较少,且施工工艺落后,导致病害多发,公路技术状况不佳,因此农村公路服务水平亟待提高。

农村公路项目具有分布范围大、技术等级低、单个项目里程短、建设规模小、工程造价低等特点。所以,农村公路工程可行性研究多从发挥区域路网效益的目的出发,采取以县或乡镇为单位,将多个项目打包进行工程可行性研究。

1.4 农村公路等级确定

绝大部分农村公路交通量很小,大多没有设置常年的交通量调查点,获得交通量现状数据需要进行现场调查确定,故交通量的现状调查和预测,不宜作为公路等级划分的唯一依据。公路技术等级应根据地区公路网规划以及经济发展状况,按照公路的服务对象、功能需求和远景交通量综合确定。其中,功能需求主要指农村公路实际的车型通行需求。

1.5 区别新改建项目和养护项目工程可行性研究报告的编制内容

目前,河北省农村公路的新改建和养护资金来源渠道相同,主要来源于县级财政投资。新改建和养护项目工程可行性研究报告均由县级地方发改部门审批,这就要求编制过程中应综合考虑落实县级发改部门和业主对编制内容的要求。鉴于大部分情况审批单位和业主对新改建和养护工程要求区别不大,本书主要按照新改建内容框架编制,新改建项目和养护项目编制内容具体不同之处请查阅案例。

第2章　文本格式

为了使工程可行性研究报告的编制更加规范,方便使用,本书对文本格式进行了统一。其具体内容如下:

2.1　幅面尺寸

工程可行性研究报告由主报告及附件两部分组成。幅面尺寸:主报告采用297mm×210mm(A4),附件图册采用420mm×297mm(A3)。工程可行性研究报告封面颜色采用墨绿色。

2.2　报告文本格式

章标题字体:小二号黑体。

节标题字体(×.×):三号黑体。

条标题字体(×.×.×):小三号黑体。

正文字体:小四号宋体;行间距采用1.5倍行距。

数字和字母:Times New Roman。

页码:五号宋体。

封面格式、扉页格式、资质页、参加人员名单,如图2-1至图2-4所示。

（项目名称）

工程可行性研究报告

（编制单位名称）

年　　月

图 2-1　封面格式

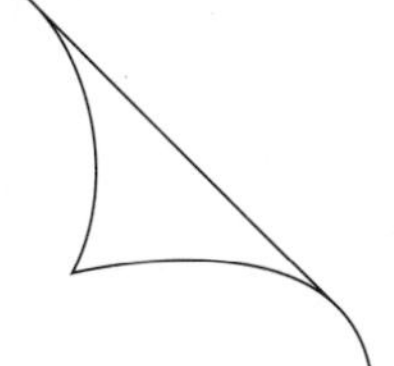

(项目名称)工程可行性研究报告

编　制　单　位:(盖章)

咨询证书等级:

发　证　单　位:

资质证书编号:

(证书复印件附此页后)

技　术　负　责　人:

项　目　负　责　人:

项　目　总　工:

总　工　程　师:

副总经理(院长):

总　经　理(院长):

编制日期:　　年　月

图2-2　扉页格式

图 2-3　资质页

主要编制、审核人员

姓　　名	职务、职称	主要工作内容

图2-4　参加人员名单

第3章 报告编制

3.1 概述

项目地理位置图(略)。

项目地理位置图中应示出项目在县级市、县级交通网络图中的位置,并标注项目段落名称,项目位于县域边界时需适当扩大图幅范围。

3.1.1 项目概况

简要说明项目单位基本情况(单位名称、地址邮编、联系电话)、可行性研究报告编制单位基本情况(单位名称、地址邮编、联系电话)。

简要说明本路段公路概况、建设年限、建设标准、运营状况、项目的主要服务对象,与项目相关的重要事项,所在地域经济和交通发展特点,项目所在路网中的作用;简述项目的建设必要性和实施时机等。

3.1.2 主要编制依据

1)交通经济和规划部分依据

调查收集相关区域沿线各乡镇的社会经济发展规划、交通运输发展规划和局域路网规划资料。

参阅《河北经济年鉴》和《河北省交调资料汇编》等。

2)工程技术部分依据

《小交通量农村公路工程技术标准》(JTG 2111—2019);

《河北省农村公路建设工程技术标准》(2008年8月);

《公路工程技术标准》(JTG B01—2014);

《公路路线设计规范》(JTG D20—2017);

《公路路基设计规范》(JTG D30—2015);

《公路沥青路面设计规范》(JTG D50—2017);

《公路水泥混凝土路面设计规范》(JTG D40—2011);

《公路养护技术规范》(JTG H10—2009);

《公路沥青路面养护设计规范》(JTG 5421—2018);

《公路沥青路面养护技术规范》(JTG 5142—2019);
《农村公路养护技术规范》(JTG/T 5190—2019);
《公路排水设计规范》(JTG/T D33—2012);
《公路交通安全设施设计规范》(JTG D81—2017);
《公路桥涵养护规范》(JTG H11—2004);
《公路桥涵设计通用规范》(JTG D60—2015);
《公路工程地质勘察规范》(JTG C20—2011);
《公路技术状况评定标准》(JTG 5210—2018);
其他相关行业发布的现行规范等,可根据工程内容不同,按照实际发生选用。

3)估算部分依据

《公路工程建设项目投资估算编制办法》(JTG 3820—2018);
《公路工程估算指标》(JTG/T 3821—2018);
《农村公路养护预算编制办法》(JTG/T 5640—2020);
国家及省级主管部门颁布的有关造价的政策性文件及规定等。

4)评价和编制办法依据

《公路建设项目经济评价方法与参数》(建标〔2010〕106号);
《公路建设项目可行性研究报告编制办法》(交规划发〔2010〕178号)等。

3.1.3　研究过程及研究内容

1)研究过程

阐述项目研究及报告编制过程,包括委托情况、开始时间和完成时间。对项目历史数据的收集,现状的检测、勘察,设计方案的比选、论证过程,方案沟通、预审等。

2)研究内容

研究内容主要包含:概述、经济社会和交通运输发展现状及规划、交通量分析及预测、技术标准、建设条件、建设方案、投资估算及资金筹措、实施方案、土地利用评价、工程环境影响分析、社会评价、社会稳定评估、问题与建议等。

3.1.4　建设的必要性

根据项目的具体情况,酌情从国家和地方政策、促进经济发展、路网完善、消除安全隐患、提高服务水平、降低全寿命周期成本、环保等方面选择重点论述。养护工程项目由于不改变路网结构,本部分内容可以简述。

3.1.5　主要结论

(1)交通量预测结果。

(2)主要技术标准表(可简化列出关键指标)。

(3)工程方案概述。

新改建项目:简要说明项目的起终点、经由地、桩号范围、连接路网、长度规模、主要技术标准、主要构造物设置、工期安排、土地利用情况等。

养护项目:简要说明项目的起终点、经由地、桩号范围、连接路网、长度规模、主要技术标准、主要病害描述、养护历史、养护方案、工期安排等。

(4)估算投资及资金筹备。简要说明项目总投资金额,建安费、土地使用及拆迁补偿费、工程建设其他费用、预备费等分项部分估算金额。说明资金来源途径和使用情况。

3.1.6 问题和建议

论述项目后续阶段设计、实施中,应注意的主要问题和建议措施。

3.2 经济社会和交通运输发展现状及规划

项目整体规模较小时,与本部分内容相关性较弱,该部分内容可省略。若需要保留,可仅保留相关章节内容,并进行简单论述。

3.2.1 研究区域自然人文概况及发展

简述区域内自然、地理、人口、区位优势等情况,近期和中长期发展规划等概况。

3.2.2 研究区域社会经济概况及发展

简述农牧林业、工业、第三产业的结构,经济水平、经济布局和发展预期等情况。应体现乡村振兴战略、打赢脱贫攻坚战的战略规划和发展宗旨。

3.2.3 项目在路网中的地位和作用

(1)项目所在地区公路网现状。

概述区域内综合交通运输现状。

(2)农村公路重要性及发展规划。

阐述农村公路的重要性和相关公路或路网发展规划。

(3)区域路网中的地位及作用。

阐述项目路段交通车辆的车型构成、交通出行需求、对地区经济增长的贡献率等,同时论述本项目路段在区域路网中的地位及作用、项目的实施提供的良好服务水平在区域经济中的影响等。

3.3 交通量分析及预测

3.3.1 交通量现状及历史交通量

交通量调查是公路项目可行性研究的重要环节,其目的是研究项目所在地区公路交通量的特性和构成,掌握公路交通流量、流向及车辆构成等数据资料。

交通量现状和历史数据主要来源为《河北省公路交通情况调查资料汇编》。由于农村公路路网体量很大，交调点分布相对极少，往往资料汇编中没有编入，可征询相关交通管理部门，查找相关资料，或进行较简单的现场调查。

对获得的交通量数据进行车型组成和交通量变化分析。根据交通量车型组成特点，按照《公路工程技术标准》（JTG B01—2014）表3.3.2和《小交通量农村公路工程技术标准》（JTG 2111—2019）表3.3.2规定，列出现有交通量车辆构成表。

3.3.2 交通量预测

交通运输与经济发展存在着密切互动关系，改善交通设施将促进区域的经济发展，而区域经济增长又刺激交通量需求的增加，两者互为影响。

预测方法：根据交通运输部《交通建设项目可行性研究报告编制办法汇编》（2010年）的要求，农村公路和功能单纯的各类专用公路，交通量预测工作可适当简化，采用直接法或弹性系数法等较简单方法。

预测年限：新改建路段根据《公路工程技术标准》（JTG B01—2014）规定，三级公路交通量预测年限为15年，四级公路可根据实际情况确定。根据《小交通量农村公路工程技术标准》（JTG 2111—2019）规定，四级公路（Ⅰ类）、四级公路（Ⅱ类）的设计交通量宜按10年预测。年平均日交通量在1000～2000辆小客车之间的，可参照四级公路（Ⅰ类）、四级公路（Ⅱ类）取用。养护路段根据《公路沥青路面养护设计规范》（JTG 5421—2018）规定，不同的养护方案分类和公路等级有不同的路面设计年限，交通量预测可参照此年限选取。交通量预测年限，见表3-1。

交通量预测年限 表3-1

建设性质	公路等级	沥青路面	水泥混凝土路面
新建工程	三级	15年	15年
	四级	10年	10年
养护工程	三级	结构性修复6～10年； 功能性修复3～4年	
	四级	结构性修复5～8年； 功能性修复3～4年	

3.4 技术标准

参照一般公路的新改建或养护的技术标准，并结合《小交通量农村公路工程技术标准》（JTG 2111—2019），作为补充修正，充分考虑地形条件、投资规模、环境影响和交通量大小等，经充分论证，确定采用的技术指标。

3.4.1 公路技术等级选用

公路技术等级确定应结合地区公路网规划以及经济发展状况，按照公路的服务对象、功能需求和交通量综合论证。

3.4.2 设计速度确定

设计速度的选用应根据项目路段功能定位、技术等级及沿线的建设条件,结合交通量预测结果,综合论证确定。

3.4.3 车道宽度及车道数

根据有关规定,结合项目路段功能定位及沿线的建设条件,综合论证车道宽度及车道数。各项技术指标可参照表3-2根据项目具体情况分别列出。

主要技术指标表 表3-2

序号	技术指标	单位	规范值	设计采用值
1	地形	—	—	
2	公路等级	级	—	
3	设计速度	km/h		
4	汽车荷载等级	—		
5	设计洪水频率	1/年		
6	路基宽度	m		
7	路面宽度	m		
8	行车道宽度	m		
9	车道数	个		
10	路肩宽度	m		
11	平曲线最小半径	m		
12	竖曲线最小半径	m		
13	最大纵坡	%		
14	停车视距	m		
15	会车视距	m		
16	超车视距	m		
17	净空控制	m		

3.4.4 防灾减灾

农村公路灾害防治要坚持"预防为主、防治结合"的原则。结合相关规范要求,综合论证项目防洪、抗震等防灾减灾的指标选择。

3.4.5 公路用地范围

公路建设应贯彻保护耕地、节约用地的原则,结合相关规范要求,针对不良地质地带处治措施,桥梁、隧道、路线交叉、安全设施、服务设施、管理设施、绿化,以及其他线外工程等用地,应根据实际需要确定用地范围。没有新增占地的养护工程项目,本部分可以省略。

3.5 建设条件

3.5.1 自然条件

项目路段区域内的地形、地质、河流、地震、水文、气象条件,以及对项目方案实施条件的影响。

3.5.2 规划和重要影响点分布

论述项目影响区城镇乡村规划、产业布局、资源分布、环境敏感点、旅游景点、文物保护等。

3.5.3 筑路材料及运输条件

调查所需主要材料的料场分布情况、生产能力、材料品质及运输条件。

3.6 建设方案

本部分内容由于新改建工程和养护工程有较大不同,需要分别说明。如果一个项目中既包含新改建工程又包含养护工程,应分路段依次编制。另外,当多条农村公路一起编制时,各路线具体情况和选定方案宜采用表格形式列出。

3.6.1 新改建路段

1)建设项目的线位论述

详细论述项目的起终点位置,并说明区域路网连接和城镇乡村衔接情况。

2)备选方案拟定及方案比选

详细论述各备选方案的走向和控制点,以及主要技术指标和规模,应满足相关规范要求。可选择建设条件、工程规模与投资、大型构造物建设方案比选、线位比选、路面结构设计比选、建筑材料选用,施工技术、经济评价、全寿命期费用、环境影响、土地占用等因素,建议列出表格,最后明确推荐方案的选取。对于简单的设计方案,没有其他较合理可实施的方案时,可不进行方案比选。农村公路项目应注意针对过水路面的设计比较。

3)推荐方案概况

(1)路线方案:分析阐述起终点及主要控制点、规模、标准及主要技术经济指标,绘制推荐方案的平面图、纵断面图。根据控制点分布情况,项目影响区域路网情况,酌情选择图纸比例。

(2)路基工程:根据本路段的功能,并结合旧路状况,综合确定各段路基宽度,并绘制路基标准横断面图,存在不同形式的路基标准横断面图时应分别绘制,并明确路段名称或桩号范围,说明路拱横坡和净空要求。

(3)路面工程:农村公路交通量较小,通常综合周边现有公路实施情况根据经验确定路面结构。确定路面结构后,应做路面结构计算进行验证。

(4)桥涵工程:参照普通干线公路桥涵设计,注重针对农村公路的漫水桥设计,桥梁桥宽的选用,水文计算和桥跨布置。明确桥涵个数、桥涵中心桩号、桥梁全长、桥梁跨径组合、桥梁净宽/全宽、河道水深等。编制主要构造物一览表,绘制桥梁总体布置图。

(5)交叉工程:农村公路交通量较小,与普通公路的交叉工程主要是平面交叉,解决路面顺接和转弯半径的设计,绘制相关图纸。与高速公路和铁路交叉时,选择现有的通道下穿。与其他管线交叉时,应做好防护设计。

(6)交通工程:根据《公路交通安全设施设计规范》(JTG D81—2017)要求,三级公路中的次要集散公路设置较完善的交通标志、标线及必需的视线诱导设施,高路堤路段设置路侧护栏。其他支线公路设置交通标志,在视距不良、急弯、陡坡等路段设置交通标线及必需的视线诱导设施,路侧有不满足计算净区宽度要求的悬崖、深沟谷、江河湖海等路段应设置路侧护栏。

(7)绿化工程:在路线占地范围内进行绿化设计,以路侧种植乔灌木为主。

(8)隧道工程:隧道应综合考虑其所处的地形、地质、施工等条件进行设计。

(9)沿线设施及其他:沿线设施的设计应综合考虑安全、经济、环保等因素,便于服务,利于管理。可根据出行需求,结合自然环境、村镇分布等,选择布置客运汽车停靠站、小型停车区、服务站等服务设施。

(10)拆迁占地:拆迁按照实际调查的发生情况进行说明。阐述新增用地的属性,原则上不得占用基本农田。

最后出具各项工程的工程数量表,注意工程数量表应符合估算要求的精度和单位编制。

3.6.2 养护路段

养护项目是以现有的道路为依托,实施修复养护工程、预防性养护工程、专项养护工程或应急养护工程。

3.6.2.1 养护范围

详细论述项目的起终点位置,并说明区域路网连接和城镇乡村衔接情况。

3.6.2.2 项目现状

(1)路线和路基路面:本项目起终点位置,位于哪个县境内,穿越哪些村镇。项目起终点桩号范围,路段长度,公路等级,设计速度。现状路基宽、路面宽度和路面结构情况,若有项目现状情况不同,需按照桩号辅助地理位置分段说明。分别说明哪些是过村路段,哪些是野外路段。明确路段通车时间和建设养护历史。本部分内容配合全景照片。

(2)构造物:沿线桥梁涵洞设置数量和长度,配合全景照片。

(3)交叉:平交道口数量,被交路等级,是否硬化;立体交叉数量,下穿道路名称,立交净宽净高等;下埋管线交叉位置,配合全景照片。

(4)路基排水和路基防护:现有路基排水和路基防护的分布情况,包括设置位置、单侧累计长度等。

(5)交通安全设施:护栏设置分布情况,包括设置位置、单侧累计长度等;现有标志标牌是否完善,净高是否满足要求等。

(6)沿线绿化:乔木、灌木、花草分布情况和种类。

3.6.2.3 项目病害情况

按照《公路技术状况评定标准》(JTG 5210—2018)和《公路桥梁技术状况评定标准》(JTG H21—2011)的要求,进行病害分析。其中,实施路面养护工程时,农村公路路面技术状况检测数据若不完善,则需要进行路面技术状况自动化检测,或进行路面技术状况人工调查。调查重点放在病害种类、分布范围、严重程度和病害成因分析,出具病害照片;必要时采取钻芯取样、挖探等技术手段进行勘测。

1)路面

(1)路面技术状况自动化检测

对项目路段路面状况指数(PCI)、路面行驶质量指数(RQI)进行检测时,应列出路面检测指标一览表,并对路面指标进行分析,作为制订养护方案的依据。

(2)钻芯取样

钻芯取样是路面内部结构状况最直观的反映,可以用来评价路面结构组合状况、结构内部损坏状况,结构层间黏结状况等。可结合本项目路面病害分布特点选择钻芯位置及钻芯频率。

(3)人工调查

首先根据《公路技术状况评定标准》(JTG 5210—2018)要求,调查人员通过简单的测量,按照沥青路面和水泥混凝土路面不同病害的表现,分类描述病害状况,判断损坏程度,并简单统计损害分布情况和发生规模。然后对病害成因进行分析,判断发生的深度和结构层位置,为推出技术方案提供有力的依据。

2)路基及排水

路基是否有沉陷情况;路肩、路缘石路肩石损坏情况;路基边坡是否存在松散、破碎、坍塌和冲沟;路基防护构造物损坏情况;路基排水是否通畅,现有排水构造物损坏和缺失情况。

3)桥隧和涵洞

调查桥面系的桥面铺装、桥梁护栏、伸缩缝、排水管损坏情况;梁板和支座损坏情况;下部结构的墩台损坏情况;调治构造物损坏情况。

4)交通安全设施和沿线绿化

调查评定护栏、标志标牌缺损情况;调查绿化缺失情况。

5)其他

调查路面净空是否满足要求,平面交叉是否需要改造等情况。

3.6.2.4 养护技术方案

农村公路过村镇路段和野外一般路段养护方案通常差别较大。过村镇路段紧邻民居或村镇企业,路侧空间间距、路面结构设计、路肩硬化的方式、路基排水边沟的设置方法等需要综合考虑。

针对不同的路面宽度、是否过村镇路段、路面病害严重程度,可将整个项目拆分成多个设计单元，分别制订养护方案。

1）路面养护方案

（1）修复养护：根据路面病害现状和发展分析，综合考虑使用年限、公路等级、交通荷载情况，合理选择养护方案。修复养护方案分为功能性修复和结构性修复。

应说明原路面结构情况，应实施的养护方案，改造后路面结构情况，并附路面结构图。

修复养护应进行方案比选，可根据项目情况，酌情选择工程规模与投资、路面结构设计、建筑材料选用、施工难易程度、全寿命期经济分析、环境保护和资源节约效果、环境影响等因素进行比较。建议列出表格，进行优缺点分析，最后明确推荐方案的选取。

（2）预防养护：预防养护常见的措施有稀浆封层、微表处、超薄磨耗层、薄层罩面等，近年又推出了含砂雾封层、纤维封层、复合封层等新措施。可根据路线等级、交通荷载等级、路面病害程度、外观要求综合考虑，并应进行技术经济分析后合理选择。进行预防养护前，应对路面病害进行处理。

2）路基方案

按照《农村公路养护技术规范》（JTG/T 5190—2019）和《公路养护技术规范》（JTG H10—2009）的要求，结合路基技术状况评定结果，除日常养护工作之外，可列入养护专项有以下工程内容。

（1）路线方面：曲线半径调整带来的局部路基工程，平交口转弯半径改造涉及的路基工程。

（2）路基边坡防护：全面修理、重建或增建挡土墙、护坡、护坡道、泄水槽及边沟铺砌、清除较大塌方、加固路肩等。

（3）特殊路基处理：路基大面积翻浆、沉陷处理。

（4）路基排水：开挖边沟、截水沟或铺砌边沟。

3）桥涵维修加固

按照《农村公路养护技术规范》（JTG/T 5190—2019）和《公路桥涵养护规范》（JTG H11—2004）以及《公路养护技术规范》（JTG H10—2009）的要求，结合桥梁病害状况，除日常养护工作之外，可列入养护专项有以下工程内容。

（1）拆除重建：通车时间较长，关键部位病害严重，评定为危桥的桥梁，可考虑拆除重建，拆除重建的桥梁，应征求水利部门的意见。通道涵洞的修理、加固、局部改建和拆除重建。

（2）桥面系的养护工程：包括桥面铺装表面局部病害处治，单板受力时凿除重做桥面铺装，桥头跳车处治，更换伸缩缝和护栏等。

（3）上部结构维修加固：梁体表面大面积混凝土病害修补；通过专业手段对梁体进行加固，提高结构承载能力；加固或增设横隔板，改善荷载横向分布；改变上部结构受力方式，简支结构变连续结构，增加承载能力；发生剪切或弯拉破坏的梁板，部分或全部更换主梁。

（4）下部结构维修加固：墩台身的防护和加固，扩大基础加固，桩基加固等。

（5）其他工程：局部或全部更换支座，桥头锥坡和桥头防护的修复或重建，金属构件全面除锈、油漆等。

4)平交道口

对平交道口进行分类设计,根据被交路需要选择不同的硬化长度,合理确定被交路顺接段路面结构。

5)交通安全设施

按照《农村公路养护技术规范》(JTG/T 5190—2019)和《公路养护技术规范》(JTG H10—2009)的要求,除日常养护工作之外,可列入养护专项有以下工程内容。

(1)路基护栏:护栏有效高度不够或防撞等级不足时,可考虑更换新护栏。部分路段护栏缺失的增设新护栏。

(2)交通标志:按照规范要求,更换或增设交通标志。

(3)交通标线:按照规范要求,对养护后的路面或平交道口重新施划交通标线等。

6)绿化

对道路两侧或道路重要节点的绿化,按照需求进行补植、更换和新增种植;选用适应当地环境、绿化效果好的乔灌木和花草。

最后出具各项工程的工程数量表,注意工程数量表应符合估算要求的精度和单位编制。

3.7　投资估算及资金筹措

3.7.1　单价费用取用标准

3.7.1.1　人工、材料和机械单价

1)人工工日单价

根据河北省交通运输厅关于印发《河北省公路工程基本建设项目概算预算编制补充规定》的通知(冀交基〔2019〕179号)选用人工工日单价。

2)材料计算单价

参考使用河北省公路工程定额站发布的最新材料单价进行材料计算,或采用地方合理价格。运杂费计算应根据实际调查情况确定。

3)机械使用费

根据中华人民共和国行业推荐性标准《公路工程机械台班费用定额》(JTG/T 3833—2018)计算机械使用费。

3.7.1.2　其他工程费

1)措施费、企业管理费和规费

依据中华人民共和国行业标准《公路工程建设项目投资估算编制办法》(JTG 3820—2018)和《河北省公路工程基本建设项目概算预算编制补充规定》的通知(冀交基〔2019〕179号)中的有关标准计列措施费、企业管理费和规费。其中,企业管理费应按照实际发生情况计列。

2)利润及税金

依据中华人民共和国行业标准《公路工程建设项目投资估算编制办法》(JTG 3820—

2018)中计算利润及税金。税率按照最新财政部、税务总局、海关总署联合公告执行。

3)专项费用

依据中华人民共和国行业标准《公路工程建设项目投资估算编制办法》(JTG 3820—2018)中的有关标准计列专项费用。

3.7.1.3 土地使用费和拆迁补偿费

农村公路施工中通常不发生占地费。拆迁补偿费按照实际发生计列。

3.7.1.4 工程建设其他费用

依据中华人民共和国行业标准《公路工程建设项目投资估算编制办法》(JTG 3820—2018)中的有关标准计列工程建设其他费用。

3.7.1.5 预备费

根据《关于转发省计委关于加强对基本建设大中型项目概算中"价差预备费"管理有关问题的通知》(冀交办字〔1999〕123 号)精神不计列价差预备费。基本预备费根据估算编制办法的规定计列。

3.7.2 投资估算

投资估算说明估算总金额和主要费用组成。主要费用组成,包括建安费、拆迁补偿费、工程建设其他费用(或分项列出)、预备费等。

多个项目时,需编制项目估算汇总表,列表归纳总结各项目的费用组成。

3.7.3 资金筹措

资金筹措说明项目建设资金来源情况。

3.8 实施方案

3.8.1 施工方案

根据项目所在地的气候条件、地形地貌和交通运输条件,结合工程项目的特点,论述不同工程内容的施工安排和重点环节。

3.8.2 交通组织方案

本着"安全、畅通、确保工程质量"的原则,根据相关法规规程的要求,针对该路各项施工作业的自身特点,结合局域路网情况因地制宜地提出该路施工的交通组织方式。

3.8.3 进度安排

确定项目立项、审批、施工图设计等前期工作时间,充分考虑水文、气象、保畅、项目的迫切程度等,合理进行施工进度安排。

3.8.4 项目招投标

了解招投标的基本原则和法律法规,明确招投标组织和招投标主要工作程序、工作内容。

3.9 土地利用评价

简述我国土地利用和保护的基本国策,农村公路用地的原则,实现社会全面、协调和可持续发展的大方向。并从以下几个方面具体评价。

(1)项目区域耕地及人均占有量。

(2)本项目土地占用情况和数量。

(3)本项目对当地土地利用规划的影响。

(4)本项目集约节约用地措施。

不涉及新增占地的养护工程项目,本部分可以省略。

3.10 工程环境影响分析

因低等级农村公路项目建设规模小,对周围环境影响较小,所以,这里仅保留相关章节内容,对工程环境影响分析根据实际发生情况进行简化论述。

3.10.1 沿线环境特征

阐述项目路段周边自然环境、施工环境的特点。

3.10.2 环境影响和措施

根据各项目实际实施方案,可以从以下几个方面阐述各项目对环境影响及采取的防护措施。

(1)施工期扬尘污染对周围环境影响分析,阐述减少污染的措施。

(2)噪声污染影响分析,阐述减少污染的措施。

(3)路基边坡防护对策。

(4)借方、弃方及水土保持对策。

(5)绿化恢复,防止扬尘、吸收尾气等对策。

(6)其他(如影响地下水、地表水、噪声、夜间施工等)对策。

3.11 社会评价

因三级以下农村公路项目建设规模小,对周边社会生活影响较小,所以,这里仅保留相关章节内容,对社会评价根据实际发生情况进行简化论述。

3.11.1 社会影响分析

社会影响分析主要分析项目改造、加固等对所在地社会的正、负面影响。主要包括对居民收入、生活水平与质量、就业的影响,对不同利益群体、弱势群体的影响,对所在地文化、教育、卫生的影响,对地区基础设施、社会服务容量和城市化进程的影响,对少数民族风俗习惯和宗教的影响等。

3.11.2 互适性分析

调查当地政府、企业、社会组织及居民等不同利益相关者对项目养护实施的态度,道路主要使用者对项目养护的支持程度,分析项目与当地社会环境的相互适应程度。

3.11.3 社会风险分析

公路的建设带来的经济、社会效益是显著的,但是公路建设所带来的不利影响也是不容忽视的,因此,须从征用土地、房屋拆迁和生态环境方面分析可能带来的风险,并研究规避措施。

3.11.4 社会评价结论

通过分析表明本项目的实施有利于促进沿线地区社会进步,维护和发展沿线地区的社会福利,得到了沿线地区广大群众和各级政府组织机构的支持。以此说明本项目实施具有良好的社会基础。

3.12 社会稳定风险分析

养护工程项目,本部分可以省略。

因低等级农村公路项目建设规模小,对周边社会稳定的负面影响较小,所以,原则上不进行社会稳定风险分析,具体项目可根据需要取舍。若保留该部分内容,则仅保留相关章节内容,对社会稳定风险分析根据实际发生情况进行简化论述。

3.12.1 编制依据

《国家发展改革委关于印发〈国家发展改革委重大固定资产投资项目社会稳定风险评估暂行办法的通知〉》(发改投资〔2012〕2492 号);

《国家发展改革委办公厅关于征求对固定资产投资项目社会稳定风险篇章和评估报告编制大纲(征求意见稿)意见的通知》(发改办投资〔2012〕2873 号);

《河北省发展和改革委员会关于印发〈河北省重大固定资产投资项目社会稳定风险评估办法的通知〉》(冀发改投资〔2016〕1 号)。

3.12.2 风险调查

1)调查内容

根据拟建项目的具体情况,调查项目实施相对于规划政策的合法性,相对于经济环境的合理性，相对于社会团体及利益相关者的可行性，相对于地方政府管理的可控性。同时，应了解同类项目已发生的风险、处治措施和结果。

2)调查范围和对象

项目影响范围内利益相关者和容易引发社会稳定风险的因素。

3)调查方法

现场踏勘并与建设单位联系掌握项目情况，查阅审批过程和资料，访谈利益相关者，了解地方政府态度。

4)利益相关方分析

根据调查结果，进行利益相关方的分析。

3.12.3　风险识别

风险识别包括项目审批程序及批复风险、信息公示与公众参与制度风险、工程方案风险、大气污染风险、临时占地风险、噪声风险、农民工工资保障风险，施工安全、卫生与职业健康影响风险，区域交通影响、社会治安和公共安全、社会舆论风险等的风险识别。对每一个风险识别后，列出主要风险识别表。

3.12.4　风险估计

分析风险发生概率和风险影响程度，具体内容列表表示。

3.12.5　风险防范和化解措施

针对本部分3.12.3条识别的各种风险，提出防范和化解措施。同时，论述建立社会稳定风险应急预案机制和建立动态跟踪机制的相关内容。

3.12.6　风险等级

论述落实风险化解措施后，对风险变化情况和等级进行综合评估。

3.12.7　风险分析结论

通过总结各项风险评估结果，得出项目风险等级。

3.13　问题与建议

论述项目后续阶段设计、实施中应注意的主要问题和建议措施。

第4章　案　　例

声明:本章内容为河北锐驰交通工程咨询有限公司按照本书格式要求完成的两个河北省平原区农村公路建设项目。其中,案例一为改建项目;案例二为养护项目。考虑到项目的代表性,部分内容进行了增加和删减,仅供交流和参考。

案例一 改建项目

××市乡道289(××至××)段改造项目

工程可行性研究报告

二〇一九年六月

目　录

1 概述

1.1 项目概况

1.1.1 项目单位基本情况

项目法人:×××

地　　址:×××

邮　　编:×××

运营管理机构:×××

地　　址:×××

邮　　编:×××

工程可行性研究报告编制单位:河北锐驰交通工程咨询有限公司

地　　址:河北省石家庄市平安南大街30号

邮　　编:050021

电　　话:0311－86089559

传　　真:0311－86089559

1.1.2 项目概况

乡道289(××至××)段公路是××市境内一条乡道,路线代码×××。

农村公路是覆盖范围广、服务人口多、提高服务普遍、公益性强的交通基础设施……

党的十八大以来,党中央高度重视农村公路工作,多次作出重要指示批示……

××市位于河北省中部,××市域南端,北距北京189km,距保定50km,南距石家庄84km……,是全国最大的中药材集散地……

根据××市农村公路专项规划(2016—2020),市农村公路布局分为公路网主骨架布局和乡道网络布局。本项目属于15条段乡道网络布局中的×××至×××公路。

本项目连接××市城区和沿线××、××等村镇,同时与××路衔接,对于加强本市南部和城区的联系,促进南部经济发展,提高南部农村地区人民的幸福感、获得感,具有重要的现实意义和长远意义。因此,本项目的建设是必要的,也是急需的。

鉴于此,××市交通运输局于2019年6月委托河北锐驰交通工程咨询有限公司开展本项目工程可行性研究报告的编制工作。

1.2 编制依据

1)路线工程部分

(1)《××市农村公路专项规划(2016—2020)》;

(2)《公路建设项目可行性研究报告编制办法》原交通部,2010年;

(3)《小交通量农村公路工程技术标准》(JTG 2111—2019);

(4)《公路工程技术标准》(JTG B01—2014)及其他部颁标准、规范等。

2)交通经济部分

(1)调查收集相关区域的社会经济"十三五"发展规划、交通运输、年鉴等资料;

(2)沿线各乡镇规划资料;

(3)国家、地方陆续出台的相关经济政策文件等。

投资估算及评价部分见相关章节。

1.3 研究过程及内容

1.3.1 研究过程

受××市交通运输局的委托,我公司于2019年6月成立项目工作组,开始对本项目进行可行性研究工作。首先在征集多方面意见、搜集资料的基础上,经实地踏勘,研究所有可能的改造方案……

于2019年6月底完成本项目工程可行性研究报告的编制工作。

1.3.2 研究内容

为给本项目的工程方案实施决策提供科学依据,在充分调查、搜集资料及现场踏勘基础上,结合本项目所在地区公路网的特殊位置及社会经济、交通量预测、工程方案研究及各项评价,对项目的必要性、项目可行性、经济合理性和实施可行性进行了综合研究,最终提出经济合理并切实可行的推荐方案……

1.4 建设的必要性

(1)本项目的建设是落实党中央、国务院、河北省、××市有关农村公路建设要求的重要内容。

党的十八大以来,党中央高度重视农村公路事业发展,在关于全面建成小康社会、"三农"工作、扶贫开发和脱贫攻坚、城乡一体化、边疆及少数民族地区工作等重要讲话和论述中,反复强调发展农村交通问题……

2018年7月河北省人民政府办公厅印发了《河北省深入推进"四好农村路"建设三年行动计划(2018—2020年)》的通知,对农村公路的规划、建设、管理、运营都提出了详细的要求……

对于××市农村公路建设,××市委市政府高度重视,市交通运输局委托资质单位编制完成了《××市农村公路专项规划(2016—2020)》。规划对××市农村的布局、重点项目、实施计划、保障措施都进行了详细的安排……

(2)本项目的建设是实施乡村振兴战略、决胜全面小康的必要条件。

农村公路是覆盖范围广、服务人口多、提供服务普遍、公益性强的交通基础设施……

(3)本项目的建设是适应××市农村经济发展、满足农村交通需求的必要条件。

经济的发展带来了村－镇－市之间人员、物资流通的活跃,从而带来了更大的交通需求……

1.5 主要结论

1.5.1 交通量预测

根据交通运输部《关于印发公路建设项目可行性研究报告编制办法》(交规划发〔2010〕178号)要求以及《小交通量农村公路工程技术标准》(JTG 2111—2019)的规定,交通量预测年限为项目建成后10年。未来每年交通量需求量见表1.5-1。

交通量预测统计表(折合标准小客车) 表1.5-1

年　份	年平均日交通量(辆/d)	年　份	年平均日交通量(辆/d)
2021	703	2026	835
2022	728	2027	865
2023	754	2028	895
2024	780	2029	926
2025	807	2030	959

本次论证结果作为报告中项目建设规模和标准的论证依据。

1.5.2 技术标准

考虑到本项目功能为满足沿线村镇居民出行,无大型、重载型车辆,符合交通运输部《小交通量农村公路工程技术标准》(JTG 2111—2019)的有关规定。选定本项目的技术标准,见表1.5-2。

主要技术指标表 表1.5-2

技术指标	单　位	规范值	×××至××公路
地形	—	—	平原微丘区
公路等级	级	—	四级公路(Ⅰ)类
设计速度	km/h	15	15
车道数	个	2	2
行车道宽度	m	2×3.0	2×3.0
路肩宽度	m	2×0.25	2×0.25
路基宽度	m	6.5	6.5
汽车荷载等级	级	公路—Ⅱ级	公路—Ⅱ级
设计洪水频率	路基	1/15	1/15
	桥涵	1/15	1/15

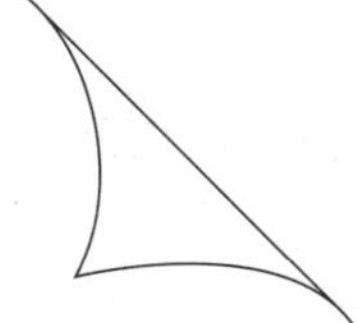

续上表

技术指标	单 位	规 范 值	×××至××公路
平曲线极限最小半径	m	15	20
竖曲线最小半径	凸(m)/凹(m)	75/75	75/75
最大纵坡	%	5%	5%
停车视距	m	15	15
会车视距	m	30	30
超车视距	m	75	75

注:其他未尽事宜按有关技术规范办理。

1.5.3 路线走向、主要控制点及建设规模

1.5.3.1 路线走向

路线起点位于×××与××南大街交口,与××南大街顺,向南经××村……,止于××镇××村,全长11.836km。

主要控制点:×××村、×××村、×××村、×××河。

1.5.3.2 建设规模

建设规模:挖除旧路11.836km,新建四级(Ⅰ)类公路11.836km,拆除新建小桥1座,平面交叉13处。其主要工程数量,见表1.5-3。

主要工程数量表 表1.5-3

序号	工程项目名称			单 位	数 量	备 注
1	K×××+×××－K×××+×××新改建工程	路基工程				
2		路面工程				
3		桥梁涵洞				
4		…				

1.5.4 投资估算、资金筹措及工期安排

1.5.4.1 投资估算和资金筹措

本项目估算投资3772.24万元,其中建安费2948.49万元,拆迁补偿费用12.72万元,工程建设其他费用199.56万元,预备费311.47万元,平均每公里造价318.7万元。全部由××市投资,并列入2020年财政预算。其投资估算,见表(略)。

1.5.4.2 工期安排

本项目计划2020年3月开工,2021年6月完工,工期3个月……

1.6 问题及建议

(1)建议本项目下阶段采用一阶段施工图设计。

(2)项目的施工期会对居民出行造成影响,建议提前做好解释和安抚工作。

(3)沿线电信、电力线侵入公路界较多,建议实施前应尽快迁移。

(4)建议施工单位妥善处理建筑垃圾,防止对环境造成污染。

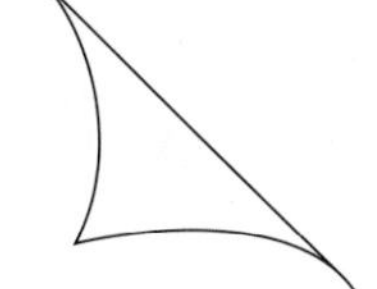

2 经济社会和交通运输发展现状及规划

2.1 研究区域概况

××市位于河北省中部、保定市南部,地处华北平原腹地,京、津、石三角中心地带,处于环京津和环渤海经济圈中……

2.2 研究区域社会经济概况及发展

2.2.1 社会发展概况

××市××产业兴旺发达。这里是全国最大的×××集散地……

2.2.2 经济发展现状

××市国民经济发展走势强劲,2017 年生产总值达到 109.64 亿元。其中,第一产业 18.20 亿元,第二产业 44.25 亿元,第三产业 47.19 亿元,产业结构进一步优化。历年产业结构变化情况见表……

2.3 项目在路网中的地位和作用

2.3.1 项目所在地区公路网现状

经过多年发展,××市形成了以公路为主体、铁路为补充的综合运输体系框架……

截至 2015 年底,××市公路通车总里程达到 514.3km,公路网密度达 105.8km/百平方公里……

2.3.2 农村公路重要性及发展规划

实现全面建成小康社会这一宏伟目标,最繁重、最艰巨的任务在农村,农村地区仍然是经济社会发展的薄弱环节;就交通运输而言,根本目标是要实现交通运输基本公共服务均等化……

××市普通公路网主骨架布局方案为“一环、四纵、四横、五联”……在普通路网主骨架布局基础上,加强覆盖和连通,规划布局 11 条乡道,乡道总条数达到 15 条段,总里程为 113.7km……

2.3.3 项目在区域路网中的地位及作用

本项目属于规划 11 条乡道中的一条,对于加强市区和南部村镇之间经济联系、人员交往具有重要作用……

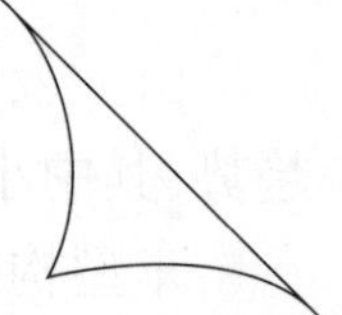

3 交通量现状及预测

3.1 概述

交通量调查是公路项目可行性研究的重要环节，其目的是研究项目所在地区公路交通量的特性和构成……

根据××市现有路网分布情况，本项目采用“弹性系数法”进行交通量预测。在分析道路现有交通量的基础上，预测出项目段未来年交通量……

3.2 交通量现状及历史交通量

为了解××市×××至××段机动车的现状流量、流向以及交通分布特征，采用该区域交通流量调查布设的观测点的观测数据，作为交通分析与预测的基础资料……

按照《公路工程技术标准》(JTG B01—2014)以及《小交通量农村公路工程技术标准》(JTG 2111—2019)的规定(见表3.2-1)，可以得到×××至××段交通量(折合标准小客车)。

车辆换算系数表 表3.2-1

车型	换算系数	荷载
小客车	1.0	座位≤9座的客车
中型客车	1.0	9座<座位≤19座的客车
轻型载货汽车	1.0	载质量≤2t的货车
中型载货汽车	1.5	2t<载质量≤7t的货车
四轮低速货车	1.0	—
三轮汽车	1.0	—
摩托车	0.5	—

参照项目区域通道2014—2018年交通量变化情况，结合区域路网规划，得到2014—2018年×××至××段年平均日交通量，可以得到2014—2018年项目段交通量(见表3.2-2)及车型构成……

2014—2018年均日交通量(单位:辆/d) 表3.2-2

观测点	年份	小客	中客	四轮低速货车	轻型载货汽车	中型载货汽车	三轮汽车	摩托车	合计	
									自然	当量
××镇南	2014	124	58	76	67	34	87	149	595	538
	2015	150	70	79	69	42	89	153	652	597
	2016	154	72	81	71	44	92	158	672	615
	2017	124	61	78	62	58	81	176	640	581
	2018	128	56	94	68	68	84	162	660	613
	增长	1.84%	0.02%	5.82%	0.72%	19.34%	-0.65%	2.35%	2.75%	3.51%

由上表可以看出,2014—2018 年安承线至焦庄段交通量整体呈现增长趋势,其中小客车及中型载货汽车增幅较大……

车型构成中,客车占 27.87% ,货车占 34.84% ,货车比例略高于客车……

3.3　交通量预测

根据××至××段现状及历史交通量数据表,利用弹性系数法可以得到项目路段相关段特征年的交通量数据……

根据交通运输部《关于印发公路建设项目可行性研究报告编制办法》(交规划发〔2010〕178 号)要求以及《小交通量农村公路工程技术标准》(JTG 2111—2019)的规定,交通量预测年限为项目建成后 10 年,由于养护路段是其中的一部分,因此统一预测 10 年。预测思路如图 3.3-1 所示。交通量预测特征年为 2025 年、2030 年,预测基年为 2018 年,预测期末年为 2030 年……

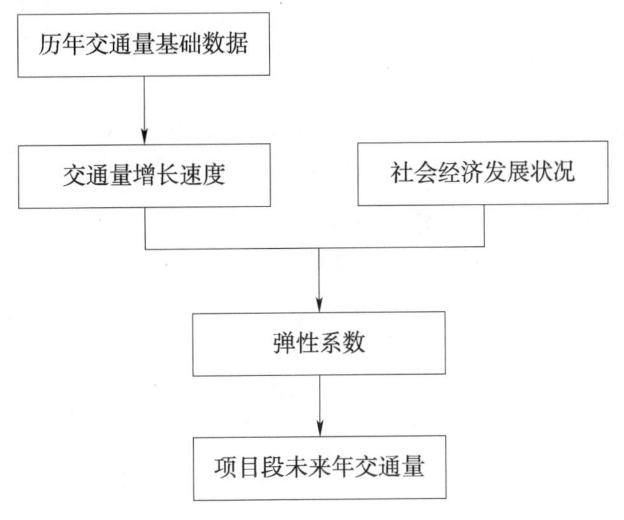

图 3.3-1　预测思路图

交通量预测结果,见表 3.3-1:

未来年安承线至焦庄段断面交通量(折合标准小客车)　　表 3.3-1

年　　份	年平均日交通量(辆/d)	年　　份	年平均日交通量(辆/d)
2021	703	2026	835
2022	728	2027	865
2023	754	2028	895
2024	780	2029	926
2025	807	2030	959

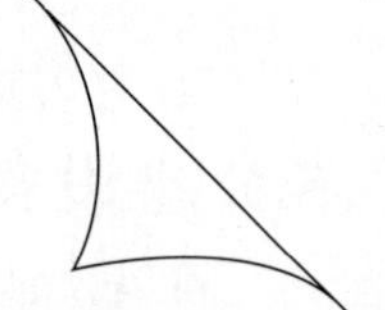

4 技术标准

4.1 公路等级的选用

考虑到本项目功能为满足沿线村镇居民出行,交通组成中无大型、重载型车辆,符合交通运输部《小交通量农村公路工程技术标准》(JTG 2111—2019)的有关规定……,采用四级公路(Ⅰ)类……

4.2 设计速度确定

根据交通运输部《小交通量农村公路工程技术标准》(JTG 2111—2019)规定,考虑建设条件,设计速度采用15km/h……

4.3 路基宽度及车道数

根据交通运输部《小交通量农村公路工程技术标准》(JTG 2111—2019)规定,路基宽度采用6.5m(2m×0.25m路肩+2m×3m车道)……

选定本项目的技术标准,见表4.3-1。

主要技术指标表　　表4.3-1

技术指标		单位	规范值	××至××公路
地形		—	—	平原微丘区
公路等级		级	—	四级公路(Ⅰ)类
设计速度		km/h	15	15
车道数		个	2	2
行车道宽度		m	2×3.0	2×3.0
路肩宽度		m	2×0.25	2×0.25
路基宽度		m	6.5	6.5
汽车荷载等级		级	公路-Ⅱ级	公路-Ⅱ级
设计洪水频率	路基		1/15	1/15
	桥涵		1/15	1/15
平曲线极限最小半径		m	15	20
竖曲线最小半径		凸m/凹m	75/75	75/75
最大纵坡		%	5%	5%
停车视距		m	15	15
会车视距		m	30	30
超车视距		m	75	75

注:其他未尽事宜按有关技术规范办理。

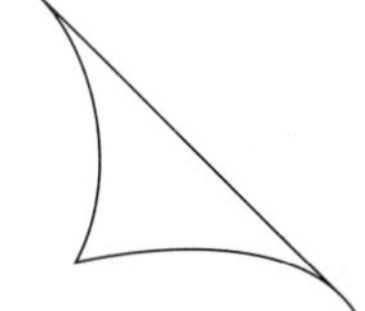

5 建设条件

5.1 自然条件

1)地形地貌

××市位于华北平原腹地,京、津、石三角中心地带,处于环京津和环渤海经济圈中。北距北京250km,南距石家庄110km,东北距天津240km,西距京深高速公路、京广公路、京广铁路30km。西依太行山,市境属太行山东麓山前扇缘平原向冲积平原过渡地带,地势自西北向东南缓倾,海拔高程为24.6~36.4m……

2)地质、地震

项目位于河北省太行山山前冲积平原中北部,西临太行山,东邻渤海,北接京津,南接河北平原中南部。路线经过区处于太行山洪积扇前缘——冲积平原,主要属于河流、湖泊冲积平原地貌,整体地势西南高东北低。其主要特点是由大中河流中下游发生大量堆积而形成,岩体埋藏很深,第四纪堆积物巨厚,以细粒土为主;地形低洼处曾是河漫滩湖泊或牛轭湖,常分布较厚的条带状淤泥或淤泥质土。线路冲积平原可为山前平原……

据国家地震局发布的《中国地震动参数区划》,××市基本地震动峰值加速度为0.15g,地震动反应谱特征周期为0.45s,对应地震烈度Ⅶ度。

3)水文气候

该区地下水主要赋存于第四系松散地层中,呈现多层结构的含水层系,含水层岩性主要为粉土、粉细砂,局部有中砂。在河道或古河道附近砂层呈多层状分布,总厚度一般在10~20m,河道间砂层多呈薄层状分布,总厚度一般小于10m。浅层地下水位埋深变化较大,主要为大气降水补给,径流、排泄方式主要为河流及人工开采……

本路段属于温带大陆性季节气候,冬季寒冷,夏季炎热,气温的年温差较大,降水季节分配不均匀,表现出明显的大陆性气候特征。在一年四季中,冬季寒冷降雪少,春季干旱风沙多,夏季高温多雨,秋季天气晴朗,冷暖适中,年主要风向为东北风和西南风。其年平均风速1.9m/s,年最大风速7.9m/s,年最小风速1.4m/s;年平均气温12.4℃,历年极端最高温度43.3℃,历年极端最低温度-22.0℃;年平均降水量555.3mm,年最大降水量934.6mm,年最小降水量183.5mm;年平均相对湿度60%;年无霜期最长208d,最短171d;历年最大积雪深度230mm;历年最大冻土深度580mm;历年平均蒸发量1707.1mm;年平均雷暴日数30.7d;年平均大雾日数25d……

5.2 重要影响点分布及规划

1)村镇规划

××市辖6个镇,4个乡(西××城、×××、×××、××村),198个行政村,市政府驻地××镇……

2)产业布局

××市是全国最大的××集散地之一,经过多年发展,形成了种、加、销一条龙,科、工、贸一体化的发展格局……

3)资源分布

沿线分布有×××种植示范园、×××药材生产基地……

5.3 筑路材料及运输方式

1)石料

保定易县的石料场,石质为玄武岩,该石料致密、坚硬、强度高,与沥青黏结力优。曾用于保津高速公路路面上面层,是优质的路面抗滑材料。其他路基路面用石料可从保定满城的石料场买进……

2)砂和砂砾

滹沱河故道冲积物,砂质良好,储量丰富……

3)石灰

徐水县、满城、易县石灰产量丰富,石灰中有效氧化钙镁含量高,石灰质量较好……

4)工程用水用电

沿线电力供应情况良好,电网较发达,沿线有110kV、220kV、500kV的……

5)运输方式

本项目沿线交通发达,运输便利,铁路主要有朔黄铁路,高速公路有曲港高速,干线公路有G337、G230以及保衡线、安新线等。主要料场均有县级以上的公路相通,通过县乡级公路和修建少量施工便道便可进入工地,因此材料运输十分便利……

6 建设方案

本项目K×+×××为严重破坏的旧路,旧路全长约×××km,路基宽6.5~7m,路面宽4m,水泥混凝土路面;过村段街道化严重;路面面层为20cm素水泥混凝土板,基层为15cm石灰稳定土,由于路基和路面基层薄弱,旧路断板、碎板、错台严重;旧路跨越小清河处设有6孔跨径5.2m桥梁一座,桥面净宽4.5m,上部结构为工字梁,下部结构为方桩基础。桥梁年久失修,已成为危桥,目前已采取交通管制措施。旧路、旧桥已无利用价值……

根据现场调查结果和××市交通意见,本项目不再考虑旧路面的改造利用,仅利用旧路占地,作为新建项目进行工程可行性研究报告的编制……

现状照片,如图6.0-1和图6.0-2所示。

图6.0-1 跨越小清河危桥现状

图6.0-2 旧路面现状

6.1 路段建设项目起终点论述

根据《××市农村公路专项规划(2016—2020)》,本项目连接××市城区和沿线××、××等村镇。同时与××路衔接,主要目的为加强本市城区和城区的联系,方便沿线居民的出行……

路线起点:位于×××与××南大街交口,起点与××南大街顺接。

路线终点:××镇××村。

6.2 备选方案的拟定

路线起点位于×××与××南大街交口,与××南大街顺,向南经××村,在××村南跨越小清河,向东止于××镇××村。全长11.836km。

受旧路占地的限制,不再进行新路线方案的选择,仅在旧路占地的范围内优化平纵面线性指标……

6.3 方案比选

路面结构是道路工程的重要组成部分，选择好的路面结构，对提高道路的工作性能及使用寿命至关重要。本着“技术先进、合理选材、方便施工、利于养护、安全适用、经济合理”的原则，拟定了沥青混凝土和水泥混凝土两种路面结构进行同技术深度比选……

方案对比，见表6.3-1。

方案对比表

表6.3-1

本 项 目	方 案 一	方 案 二
公路等级	四级公路（Ⅰ）类	四级公路（Ⅰ）类
上面层	4cm 细粒式沥青混凝土	18cm 水泥混凝土面板
下面层	5cm 中粒式沥青混凝土	
基层	18cm 水泥稳定级配碎石	18cm 水泥稳定级配碎石
路基	回弹模量≥40MPa	回弹模量≥40MPa
造价	1537.2 万元	1623.5 万元

一般情况下，水泥混凝土路面的板体性能好，强度高，抗水损害能力强，使用寿命长，一般为30年，运营期维修和养护费用低，有其一定的优势。然而因它是刚性路面，对路基形变的适应能力远不如沥青混凝土，对地基的不均匀沉降和温度变化也很敏感，极易产生裂缝和断裂，破坏后修复较为困难。从外在作用荷载分析，水泥混凝土路面在重荷作用下，容易发生板块断角等破坏现象，破坏后修复困难。相比之下，沥青混凝土路面表面平整，行车舒适，振动小，噪声低，施工方便，适应地基变形的能力强，易于维修，在构造物处易于处理，技术条件明显优于水泥混凝土路面。权衡利弊得失，推荐全线采用沥青混凝土路面。为慎重起见，建议初步设计阶段还应对这两种路面结构做进一步的比较，以确定技术上更可行、经济上更合理的路面类型……

6.4 推荐方案概况

1）路线

路线起点位于××与××南大街交口，与××南大街顺，向南经××村，在××村南跨越小清河，向东止于××镇××村。全长11.836km。全线设置平曲线6个，最小半径20m……

2）路基

路基宽度：本项目采用《小交通量农村公路工程技术标准》（JTG 2111—2019）中四级公路（Ⅰ类）断面，路基宽6.5m（0.25m 路肩石 +6m 沥青混凝土路面 +0.25m 路肩石）。

路基标准横断面，如图6.4-1 所示。

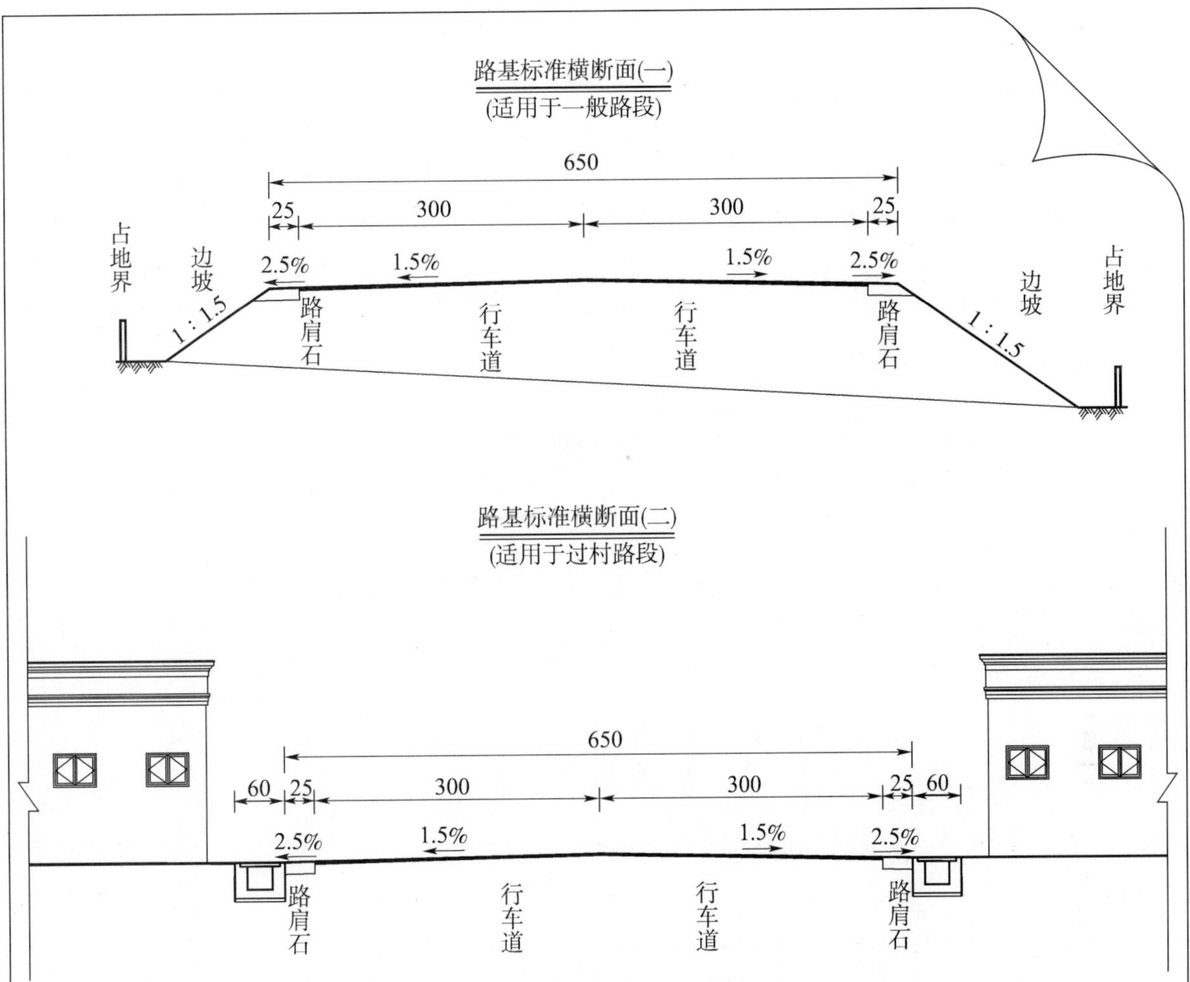

图 6.4-1　路基标准横断面图(尺寸单位:cm)

路基高度:路基高度的设计高出路基两侧地面积水高……

路基压实度:路堤基底应清理和压实。本项目要求基底压实度不小于85%。路床压实度见下表(略)……

路基处理:经旧路建设初期未考虑路床处理方案,路床压实度较低,造成旧路产生路基沉陷等病害。因此,对旧路路床进行掺灰,处理范围为……

路基边坡:本项目处于平原区,均为填方边坡,边坡坡率采用1:1.5……

……

3)路面

根据方案比选结果,采用方案一路面结构……

4)排水防护

考虑占地因素及实际使用效果,野外段不再设置集中排水设施;过村段采用盖板边沟进行集中排水,路面水由边沟排入村镇排水沟渠中……

本项目路基高度较低,路基边坡采用植草防护……

5)桥涵

新建小清河桥,采用3~10m跨径。上部结构采用钢筋混凝土简支板,下部结构采用桩柱式墩台。

6）交叉

本项目与各公路交叉共计13处。全部为平面交叉，均采用辅转角式，对被交路一定长度范围内进行路面硬化处理。被交路路面采用5cm中粒式沥青混凝土+18cm水稳碎石……

图6.4-2所示为丁字交叉；图6.4-3所示为十字交叉。

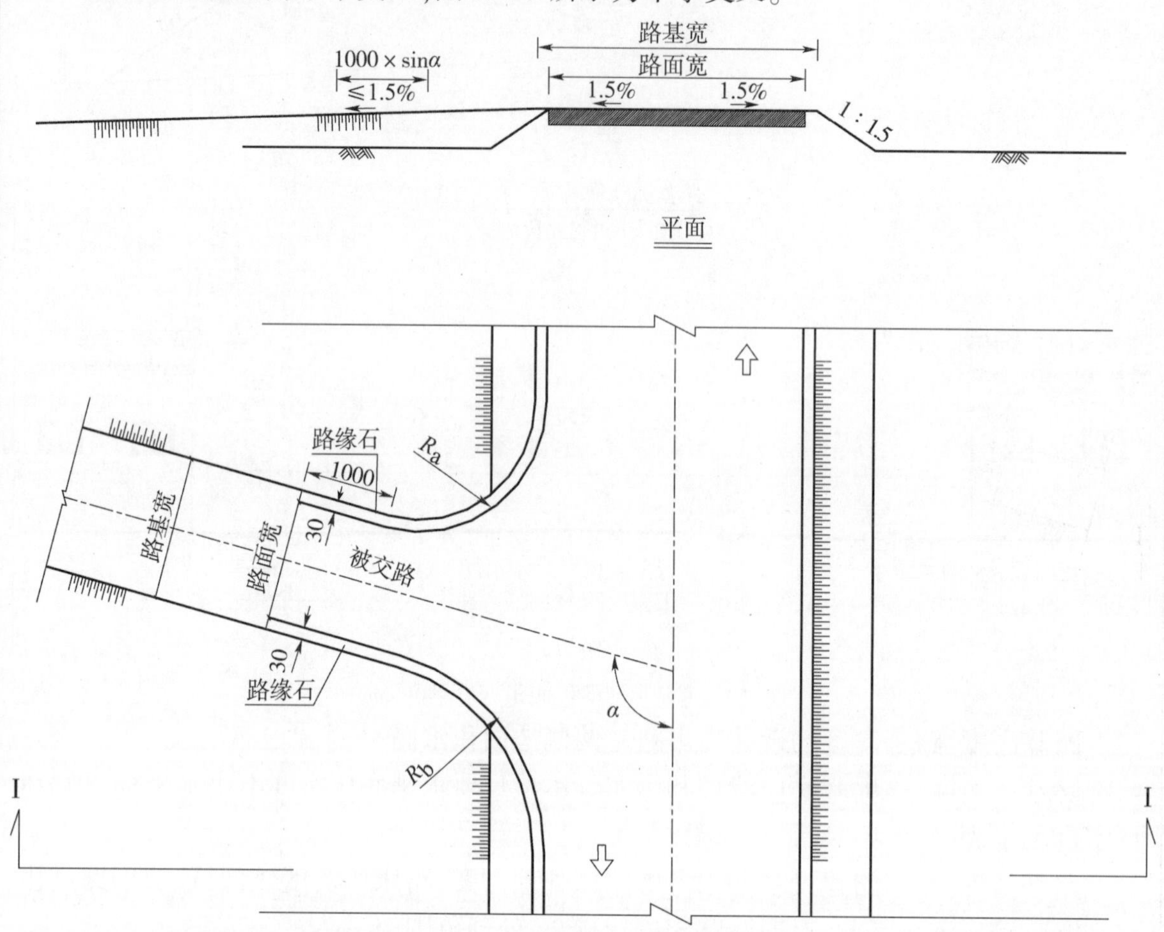

图6.4-2　丁字交叉（尺寸单位：cm）

7）交通工程及沿线设施

为了加强交通管理，保证行车安全，全段按照《道路交通标志和标线》（GB 5768—2009）及《公路交通安全设施设计规范》（JTG D81—2017）重新划设标线及完善安全设施……

8）绿化工程

结合公路用地范围，拟对本项目一般野外路段进行适当补植，过村镇段进行适当绿化……

9）拆迁占地

本项目无新增占地，仅涉及部分低压电力线杆的迁移。

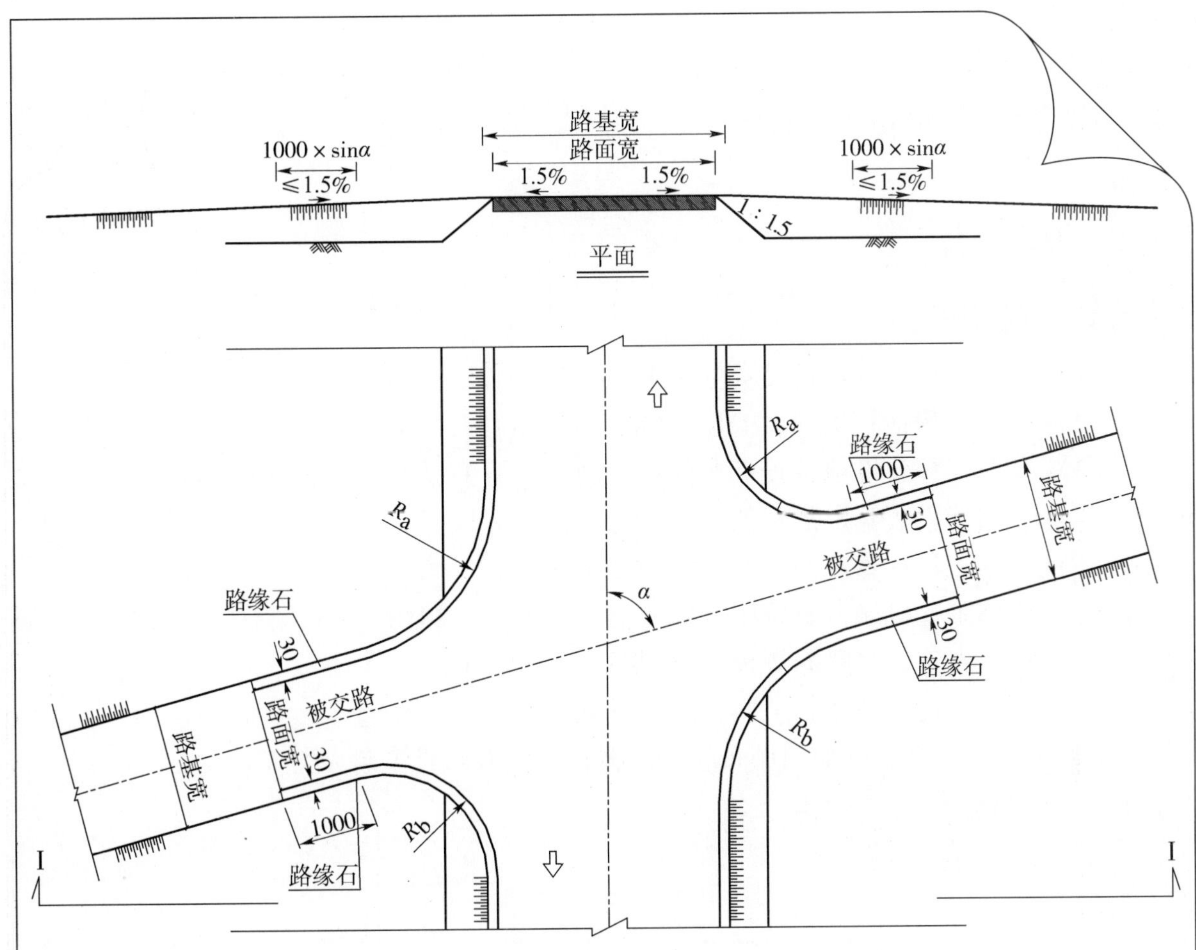

图 6.4-3　十字交叉(尺寸单位:cm)

10)主要工程数量表

主要工程数量,见下表(略)。

……

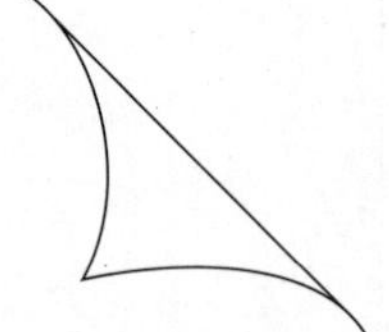

7 投资估算和资金筹措

7.1 投资估算

7.1.1 编制依据

(1)《公路工程建设项目投资估算编制办法》(JTG 3820—2018)。

(2)《公路工程估算指标》(JTG/T 3821—2018)。

(3)《公路工程建设项目投资概预算编制办法》(JTG 3830—2018)。

(4)《公路工程概算定额》(JTG/T 3831—2018)。

(5)《公路工程预算定额》(JTG/T 3832—2018)。

(6)《公路工程机械台班费用定额》(JTG/T 3833—2018)。

(7)《河北省普通公路养护预算编制办法》(2015)。

(8)《河北省普通公路养护预算定额》(2015)。

(9)国家及省级主管部门颁布的有关概预算的政策性文件及规定。

7.1.2 单价费用取用标准

1)人工、材料、机械单价

(1)人工工日单价。

交通运输部关于印发《河北省公路工程基本建设项目概算预算编制补充规定》的通知(冀交基〔2019〕179号),人工费单价取定为103.00元/工日。

(2)材料预算单价。

本项目外购材料供应地为保定满城,保定至工地平均运距85km。材料信息价根据河北省公路工程定额站公布的2019年5月材料价格信息取定。

地方性材料均为自采,各分段工地至料场距离依据实际取定。

(3)机械使用费。

施工机械台班预算价格按《公路工程机械台班费用定额》计算。

2)其他工程费

(1)冬季施工增加费按《估算编制办法》规定的“冬二区Ⅰ”计算。

(2)雨季施工增加费按《估算编制办法》规定的“雨量Ⅱ区,雨季2个月”计算。

(3)夜间施工增加费按《估算编制办法》规定计算。

(4)施工辅助费按《估算编制办法》规定计算。

(5)工地转移费按《估算编制办法》规定计算,工地转移距离为石家庄至工地180km。

3)间接费中的规费

(1)养老保险费16%。

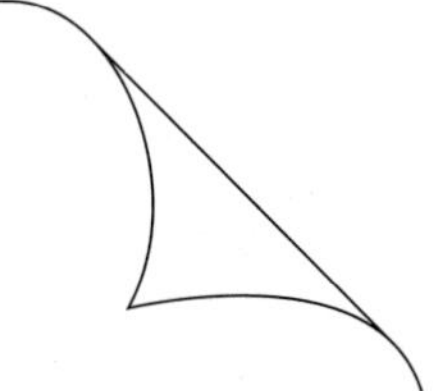

(2)失业保险费0.7%。

(3)医疗保险费7%。

(4)工伤保险费0.5%。

(5)住房公积金10%。

4)间接费中的企业管理费

(1)基本费用按《估算编制办法》规定计算。

(2)主副食运费补贴按《估算编制办法》规定计算,综合里程为5km。

(3)职工探亲路费按《估算编制办法》规定计算。

(4)职工取暖补贴按《估算编制办法》规定计算。

(5)财务费用按《估算编制办法》规定计算。

5)利润、税金

利润取7.42%,税金取9%。

6)工程建设其他费用

依据中华人民共和国行业标准《公路工程基本建设项目投资估算编制办法》(JTG 3820—2018)中的有关标准计列。

(1)建设项目管理费:以定额建筑安装工程费为基数,按相关费率,以累进方法计算。

(2)工程监理费:以定额建筑安装工程费为基数,按相关费率,以累进方法计算。

(3)设计文件审查费:以定额建筑安装工程费为基数,按相关费率,以累进方法计算。

(4)竣(交)工验收试验检测费:三、四级公路按5750元/km计列。

(5)数字化模型(BIM、CIM等):以定额建筑安装工程费为基数,按相关费率,以累进方法计算。

(6)建设项目前期工作费:按《工程勘察设计收费管理规定》的通知计列。

(7)生产准备费:办公和生活用家具购置费按《估算编制办法》规定计算。

(8)预备费

价差预备费:本项目不计列价差预备费。

基本预备费:以第一、第二、第三部分费用之和的9%计算。

7.1.3 主要工程量及费用估算

本项目估算投资××万元,其中建安费××万元,拆迁补偿费××万元,工程建设其他费用××万元,预备费××万元,平均每公里造价××万元。投资估算见下表(略)……

7.2 资金筹措

本项目投资全部由××市投资,并列入2020年财政预算……

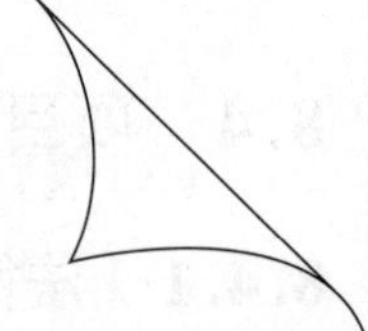

8 实施方案

8.1 施工方案

1)路基工程

路基工程宜采取机械施工为主。运距100m以内时,采用推土机铲土、运输;运距100~200m时,采用铲运机铲土、运输;运距200m以上时,采用装载机配合自卸汽车挖运土方。土方采用平地机整平,光轮或者振动压路机碾压。路基土方借土应选择耕作条件较差土地集中取土,尽量与农田改良规划、防洪等综合考虑。边坡坡面防护应采用工程防护与生物防护相结合的方法。

2)路面工程

路面工程采用机械化施工方案。为保证路面各结构层具有足够的强度和稳定性,底基层采用稳定土拌和机;无机结合料稳定碎石基层采用专用拌和设备厂拌,摊铺机摊铺;沥青混合料采用固定式拌和设备厂拌,沥青混合料摊铺机摊铺。

3)桥涵、交叉工程

为加快工程进度,保证工程质量,标准跨径桥涵均采用预制安装法施工;箱形连续梁桥采用现场浇筑法施工;钻孔灌注桩一般采用机械冲击钻成孔。

4)交通工程、沿线设施及环境保护工程

主体工程基本完成后,即可开展沿线设施与环境保护工程的施工。沿线设施包括交通标志、安全、管理设施等;环境保护工程为路基两侧植树和边坡种草等工程。

5)汛期施工

若施工遇到汛期时段,要建立健全汛期施工安全防汛值班制度和报告制度,提高警惕,防患未然。及时收集工地信息,认真关注天气情况,遇暴风雨天,各施工现场应及时向值班领导报告情况。

8.2 交通组织方案

本项目采用断交施工的交通组织方式。施工期间,沿线××村、××镇……可通过乡道×××进行绕行。其绕行路线见下图(略)。

……

8.3 进度安排

本工程计划2019年12月完成本项目工程可行性研究报告的编制。2020年1月底开展勘察设计招标;同年2月完成施工图设计、开展施工监理招标。2020年3月开工建设,同年6月建设完成。

8.4 项目招(投)标

8.4.1 法律法规和基本原则

1)招标组织

具有招标能力的建设单位可自行组织招标,不具备能力的建设单位可委托招标代理机构组织招标事项,招标文件依据相关要求实施;根据使用资金性质确定招标项目适用法律、法规,报政府相关部门批准采购或招标形式。

2)招标内容

依据有关法律法规,确定本项目的勘察设计、项目工程施工,工程监理及重要设备、材料等是否达到相应标准,是否属于必须招标范畴。未达到规定规模标准的,单项采购由采购人依法自主选择采购方式,任何单位和个人不得违法干涉。

8.4.2 项目招标投标的主要工作程序和工作内容

招标人、采购人根据资金来源和项目性质,委托相应的代理机构代理招标,并签订委托代理协议书。协议书中应载明委托事项范围、完成时限及收费标准等内容。

主要工作程序如下:

1)发布招标信息

招标信息应于正式发售招标文件5日前,在报纸、招标网站及市招标采购交易中心电子屏上发布。在各种媒体上发布的招标信息公告内容应当规范统一。

2)编制招标文件

招标文件由招标人或招标代理机构根据相关部门提供的相应类别的招标文件范本编制。国家行业主管部门发布行业招标规范文本的,需结合行业规范文本编制,经招标人确认后由代理机构发售,并报主管部门备案。

3)投标

投标人应当在招标文件要求的提交投标文件截止时间前,将投标文件送达投标地点。招标人收到投标文件后,应当签收保存,不得开启。投标人少于三个的,招标人应当重新招标,或经有关行政监督管理部门同意后采用其他招标采购方式。

4)开标

自发售招标文件之日起到开标之日不得少于20日。

开标由招标人或招标人委托的代理机构主持,所有投标人或投标人授权代表及相关监督管理部门参加。

5)评标

评标由招标人依法组建的评标委员会负责。招标人可以在本市统一的评标专家库中选择评标专家,也可以在本市以外符合国家规定的专家库中随机选择评标专家。

6)定标

招标人审定评标报告,并根据评标委员会推荐的候选人按顺序决定中标人。

7)监督检查

有关行政监督管理部门对招标采购活动具有法定的监督管理职责，应当对招标采购活动实施全程监督检查。

8)招标内容

招标内容，见表8.4-1。

建设项目拟招标基本情况表 表8.4-1

<table>
<tr><td>项目名称</td><td colspan="3">××市乡道Y289
(××至××)段改造项目</td><td colspan="2">项目建设单位</td><td colspan="3">××市交通运输局</td></tr>
<tr><td>项目单位负责人及电话</td><td colspan="3">×××</td><td colspan="2">项目联系人及电话</td><td colspan="3">×××</td></tr>
<tr><td>建设内容</td><td colspan="8">乡道Y289(××至××)段路基、路面、桥涵……</td></tr>
<tr><td>项目建设地点和时限</td><td colspan="8">××市,2020年3~6月</td></tr>
<tr><td>总投资额(万元)</td><td colspan="3">×××万元</td><td colspan="2">招标估算额(万元)</td><td colspan="3">×××万元</td></tr>
<tr><td>资金来源及构成</td><td colspan="8">××市财政</td></tr>
<tr><td rowspan="2">建设单位所有制性质</td><td colspan="3">☑国有☐民营☐其他</td><td rowspan="2">是否拟申报
省重点项目</td><td rowspan="2"></td><td colspan="2" rowspan="2">是否含有或拟申请国
有投资或国家融资</td><td rowspan="2"></td></tr>
<tr><td colspan="3">☐是否国有控股
或占主导地位</td></tr>
<tr><td rowspan="2"></td><td rowspan="2">合同估算额
(万元)</td><td colspan="2">招标范围</td><td colspan="2">招标组织形式</td><td colspan="2">招标方式</td><td rowspan="2">不采用
招标方式</td></tr>
<tr><td>全部
招标</td><td>部分
招标</td><td>委托
招标</td><td>自行
招标</td><td>公开
招标</td><td>邀请
招标</td></tr>
<tr><td>建设项目前期工作费</td><td>×××</td><td>√</td><td></td><td>√</td><td></td><td>√</td><td></td><td></td></tr>
<tr><td>建筑工程</td><td>×××</td><td>√</td><td></td><td>√</td><td></td><td>√</td><td></td><td></td></tr>
<tr><td>安装工程</td><td></td><td></td><td></td><td></td><td></td><td></td><td></td><td></td></tr>
<tr><td>监理</td><td>×××</td><td>√</td><td></td><td>√</td><td></td><td>√</td><td></td><td></td></tr>
<tr><td>设备</td><td></td><td></td><td></td><td></td><td></td><td></td><td></td><td></td></tr>
<tr><td>重要材料</td><td></td><td></td><td></td><td></td><td></td><td></td><td></td><td></td></tr>
<tr><td colspan="2">拟选择的招标公告发布媒介</td><td colspan="7"></td></tr>
<tr><td colspan="9">情况说明：其他包括土地使用及拆迁补偿费、建设单位管理费、专项评价(估)费、联合试运转费、生产准备费、工程保险费、其他相关费用及预备费。

项目建设单位(盖章)
年　月　日</td></tr>
</table>

9 土地利用评价

土地是关系国计民生的重要战略资源,耕地是广大农民赖以生存的基础……

9.1 项目区耕地及人均占有量

截至2018年,××市人口为48.44万人,人均等地面积0.07公顷(1.05亩)……

9.2 本项目土地占用情况和数量

本项目占地××亩,均为旧路占地,无新增占地……

9.3 本项目对当地土地利用规划的影响

由于本项目无新增占地,所占有土地均为原有旧路用地,不会对当地土地利用规划产生影响……

9.4 本项目集约用地的措施

(1)在满足规范、防洪、净空等要求的基础上,尽可能降低路基高度……

(2)尽量租用拌和站、预制场等,减少临时用地……

(3)沿线清表等土方可用于回填部分取土场表层,以还田复耕……

……

10 工程环境影响分析

根据《中华人民共和国环境保护法》和原交通部第 17 号令发布关于《交通建设项目环境保护法》和(91)交政法字 43 号文关于修改《交通建设项目环境保护管理办法》的通知中有关规定,为保护环境、维持生态平衡、防治大气污染、净化水体,在公路工程前期工作阶段及勘测设计中,应综合考虑公路建设期与营运期对公路沿线社会环境……

10.1 沿线环境特征

本项目地处中国三大平原之一的华北平原腹地,地势平坦,地质条件单一,地下水位较深,一般在 8 ~ 12m 以下……

10.2 环境影响和措施

1)环境影响

项目施工过程运输车辆产生的扬尘,施工过程挥洒的石灰和水泥,会对周围植物的生长带来直接的影响……

……

2)措施

(1)对运输车辆实行统一管理,统一调控。

(2)运输车辆尽量选择全封闭车辆,加装电动自动篷布系统,全程自动控制,密封无死角。有效避免运输过程中集料抛撒、泄漏和扬尘,减小对道路及沿线城镇、村庄的环境污染。

(3)为防止装卸扬尘污染大气,料仓采用密闭式膜仓,在仓内组织开展作业。

(4)对沿线道路及时洒水、清扫,防止扬尘扩散。

(5)途经人口密集居住区时,严格控制鸣笛等噪声污染。

……

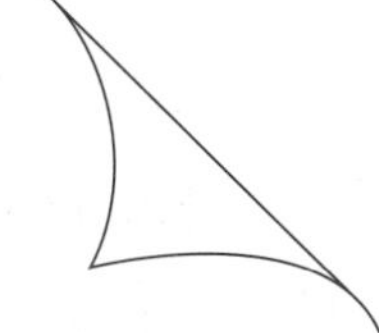

11 社会评价

11.1 社会影响分析

11.1.1 项目对所在地区居民就业和收入的影响

本项目对当地居民的就业和收入不会产生负面影响,本项目的开工建设也会提供就业机会,在一定程度上缓解当地居民的就业问题……

本项目的实施将有利于项目走廊的开发建设,有利于××市对外的集散,有利于沿线村镇农副产品外运……

综上所述,本项目对所在地区居民就业和收入的提高有正面影响。

11.1.2 项目对所在地区居民生活水平和生活质量的影响

本项目的实施,将明显改善项目影响区的公路交通状况,提高交通安全、舒适程度,为当地的快速发展奠定良好的交通基础;促进沿线区域经济的协调发展,为项目所在地区居民提供较多的就业机会,增加居民收入,从而提高所在地区居民生活水平和生活质量……

11.1.3 项目对所在地区不同利益群体的影响

项目的建设需要大量的建筑材料,该地区的建筑材料承销商将从中受益。项目的建设有利于节约运输时间、提高交通安全、降低车辆运营费用,交通运输业者和沿途群众将从中受益。项目的建设将吸引更多的人才、技术流动,沿线区域工业经济的发展,商业投资者将从中受益……

11.1.4 项目对所在地区弱势群体利益的影响

项目建设期间,公路施工不利于沿线周围村镇儿童和残疾人的出行,施工产生的噪声和污染对病人及孕期妇女将产生不利的影响,建议施工单位严格遵守有关施工法规,设置可以安全通行的临时道路;同时设置安全防护措施,尽量减少噪声和污染。项目建成后将明显改善道路通行状况,提高安全性和舒适程度,有利于沿途妇女、儿童和残疾人士上学、外出……

11.1.5 项目对所在地区文化、教育、卫生的影响

项目建成后带动沿线区域经济快速发展,使地区之间沟通更加便捷,当地文化教育水平也相应得到提高。本项目实施后,路况将明显改善,并且根据交通量、人口分布等具体情况,在公路适当位置设置隔音屏障和绿化带。拟建项目除美化环境外,还可以减轻汽车噪声和尾气对公路两侧造成的环境污染,对当地卫生无不利影响……

11.1.6 项目对当地基础设施、社会服务容量和城市化进程等的影响

本项目的实施本身就是对当地基础设施的改造,为沿线地方经济的发展奠定良好的交通基础。项目的建成将改善影响区的公路交通条件,促进人流、物流、资金流的快速、高效流动,对于影响区的城市化进程产生积极影响……

11.1.7 项目对所在地区少数民族风俗习惯和宗教的影响

项目的建设和运营符合国家的民族和宗教政策,不会引发民族矛盾、宗教纠纷……

项目对当地社会影响的分析,见表11.1-1。

项目对社会影响的分析表　　表11.1-1

序号	社会因素	影响的范围、程度	可能出现的后果	措施建议
1	对居民就业和收入的影响	较大	增加所在地区居民收入和就业机会	
2	对居民生活水平和生活质量的影响	较大	提高所在地区居民生活水平和生活质量	
3	对不同利益群体的影响	较大	交通运输业者和沿途群众、沿途土地及地面附着物使用权所有者、建筑材料承销商、商业投资者将从中受益	
4	对弱势群体利益的影响	较大	建设期不利于儿童和残疾人的出行,施工产生的噪声和污染对病人及孕期妇女将产生不利的影响。建成后有利于沿途妇女、儿童和残疾人士上学、外出	建议施工单位严格遵守有关施工法规,设置临时安全通行道路;设置安全防护措施,尽量减少噪声和污染
5	对文化、教育、卫生的影响	无		
6	对地区基础设施、社会服务容量和城市化进程等的影响	较大	改善沿线区域交通条件,促进经济发展	
7	对少数民族风俗习惯和宗教的影响	无		

11.2 互适性分析

11.2.1 与项目直接相关的不同利益群体对项目建设和运营的态度及参与程度

项目的建设将明显改善当地交通运输条件，加强路线走廊的对外经济交流能力……

因此，与项目直接相关的不同利益群体对项目建设和运营持支持态度并会积极参与项目的建设和运营。

11.2.2 项目所在地区的各类组织对项目建设和运营的态度

项目沿线区域经济发展将从中受益，各部门表示将给予大力支持，做好协调配合，从各方面提出合理化建议。沿线经过地区涉及的主要部门对本项目均持积极态度……

11.2.3 项目所在区域现有技术、文化状况与项目建设和发展的适应程度

本项目所在县市属河北省经济发达地区，优越的地理位置造就了充裕的高素质建筑企业和人力资源，项目建设和运营后所需的各类人员充足，完全能够满足项目的要求……

11.3 社会风险分析

公路的建设带来的经济、社会效益是显著的，但是公路建设所带来的不利影响也是不容忽视的。例如，征地、拆迁及生态环境问题。对此问题如果处理不当，必然会引发严重的社会风险，给社会带来不稳定因素；另外，生态系统及环境的影响也是不容忽视的问题。

1）征地社会风险

本项目无新增占地。

2）拆迁社会风险

本项目不涉及拆迁问题。

3）生态环境问题

公路在施工期间对生态系统造成非污染性破坏，因施工机械的使用及大量的开挖取土破坏了土体原有的自然结构和水的循环路径，改变了生物的生存环境，影响其生长、活动的规律，阻碍生态系统的发展；公路运营后，分割了生物的生存空间，使公路附近的动物容易被汽车伤害，也容易导致原有食物链的破坏，而汽车废气、噪声、有害物质的产生，会使生物栖息的生态环境（空气、水、土壤）逐渐恶化，引起生物发育不良，繁殖机能减退，疾病增多，抗病能力下降，从而造成种群数量减少（特别是珍稀物种），有可能会影响整个生物群落，导致生态系统的恶性循环。

公路建设施工期堆放石灰、砂、石料场、沥青、水泥混合料和沥青混合料拌和场产生大量粉尘、烟雾、灰粉等污染，机械化施工、挖土、取土、弃土而造成土地（农田）水土流失、植被破坏，还有大量的固体废弃物污染；公路运营后，以汽油、柴油为燃料的汽车

开动时会产生废气和固体微粒,这些污染物排放到大气中,渗透到水、土壤中,造成严重大气污染和水污染。这种污染的程度随着公路运营时间的增长及交通量的增加而不断加重,从而威胁沿线居民及各种生物的生存环境,产生一定的生态环境风险。

为规避这种社会风险的发生,公路在建设之前及运营后必须采取适当措施。在公路的规划设计中,须对沿线生态、环境作充分的调整以保证公路与环境的协调,尽量减少公路对生态、环境的破坏。公路运营后,要制定相关法规,严格控制上路车辆的噪声及废气排放。绿化工程是公路建设的重要组成部分,它有改善道路景观、美化环境、调节气候、净化空气、改善大气环境、降低交通噪声等作用。总之,做好公路的绿化,使之成为一个"生态绿化带"是至关重要的。

11.4　社会评价结论

通过进行社会影响分析、互适性分析,结果表明本项目的实施有利于促进沿线地区社会进步,维护和提高沿线地区的社会福利,得到了沿线地区广大群众和各级政府组织机构的支持,本项目实施具有良好的社会基础……

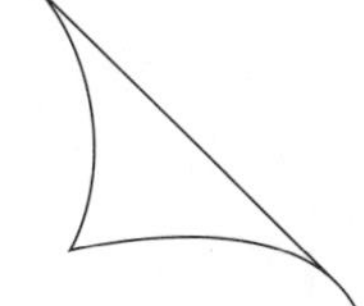

12 社会稳定风险分析

12.1 编制依据

(1)《中华人民共和国突发事件应对法》。

(2)《中华人民共和国城乡规划法》。

(3)《中共中央办公厅、国务院办公厅印发〈关于建立健全重大决策社会稳定风险评估机制的指导意见(试行)〉的通知》(中办发〔2012〕2号)。

……

12.2 风险调查

12.2.1 调查的内容和范围

根据拟建项目的实际,围绕项目建设实施的合法性、合理性、可行性和可控性,结合建设方案,本项目社会稳定风险调查的主要内容为:

(1)拟建项目的合法性:包括与国家和当地国民经济和社会发展规划、产业政策、行业准入标准的符合性,与土地利用总体规划以及控制性详细规划的符合性,相关前置审批文件的取得及其合法合规性等。

(2)拟建项目所在地周边的自然环境现状和社会环境状况,以及项目实施可能对当地经济社会的影响。包括可能对区域经济的影响,对上下游已建或拟建关联项目的影响,对当地总体发展规划、经济发展、就业机会的影响等。

(3)群众、利益相关者对拟建项目建设实施的意见和诉求。包括对项目规划、环境影响评价的情况及意见反馈情况等。

(4)拟建项目所在地政府及其有关部门、基层政府和基层组织、社会团体的态度。

(5)调查同类项目曾经引发的社会稳定风险,风险的原因、后果及处置措施等。

12.2.2 调查范围和对象

项目实施涉及利益相关者切身利益,容易引发社会稳定风险的因素,都应纳入本项目社会稳定风险调查范围。

本项目的影响范围主要是项目周边受环境影响和交通出行影响的居民。

12.2.3 调查的方式和方法

本项目社会稳定风险调查采用的方式和方法主要有:

(1)通过现场踏勘、与建设单位的接触、沟通,初步了解项目建设背景、周边情况和具体建设内容;

(2)查阅项目的各项审批手续,核实项目可行性,审核建设程序的合法性和合规性;

(3)采用观察法、访谈法等进行社会环境调查,鉴别利益相关者,分析利益相关者诉求和历史社会矛盾。

12.2.4 利益相关方分析

本项目社会影响范围为项目周边居民,项目施工会产生一些施工噪声,施工单位通过选用低噪声设备、不在夜间进行施工等积极有效的措施,可以妥善解决相关问题。项目建成后,大大改善道路沿线村民的生活生产条件,对于沿线农村经济的发展、农民脱贫致富等有极其重要的推动作用。本项目社会认可度高。

12.2.5 拟建项目所在地政府及基层组织对拟建项目的态度

本项目为道路改造项目,群众基础好。当地政府积极支持项目建设。

12.3 风险识别

12.3.1 项目审批程序及批复风险

1)风险内容

项目审批程序及批复风险主要分析项目决策机关是否享有相应的决策权并在权限范围内进行决策,是否符合法定程序,决策主体是否合法,决策内容是否与现行政策、法律、法规相抵触,是否有充分的政策、法律依据。

2)风险分析

(1)决策程序合法性分析。

项目单位按照建设项目相关法律规定开展前期准备工作,并获得政府主管部门对前期工作的支持。项目单位已取得了各项关键性支撑要件,项目前期立项风险较低。

(2)决策内容科学性分析。

项目前期决策过程中,就项目建设方案等问题,征求了当地主管部门的意见,并且依据反馈意见进行了方案的优化和专项评估。

3)风险评价

本项目按照国家的相关法规进行了项目的审查审批和报批程序,决策程序基本符合有关法律法规以及相关规定,决策内容经过严谨科学的研究论证。

项目审批程序及批复风险发生的概率很低,一旦发生,其影响程度较大。

12.3.2 信息公示与公众参与制度

1)风险内容

本项目是否广泛听取意见,公众意见能否真实、及时反馈。

2)风险分析

本项目采用调研和座谈的方式广泛征求了利益相关者的意见和建议,使周边群众对本项目进展情况有所了解。分析认为,立项过程中的公众参与具有一定的社会风险。

3) 风险评价

信息公示与公众参与制度风险发生的概率较低,一旦发生,其影响程度中等。

12.3.3 工程方案风险

1) 风险内容

项目工程方案风险分析主要是从技术标准的选择分析项目的工程技术标准是否符合相关规范标准;工程方案是否合理,是否经过充分的论证。

2) 风险分析

工程方案是否合理;技术标准设置是否达标,是否存在一定的风险。

3) 风险评价

对于本项目而言,对工程方案风险发生的概率较低。一旦发生,其影响程度中等。

12.3.4 大气污染风险

1) 风险分析

由于施工场地周围建筑材料和工程废土的堆放、散装粉、粒状材料的装卸、拌料过程以及运输车辆在运载工程废土、回填土和散装建材时,若在运输途中散落,会产生大量扬尘。出入工地的施工机械的车轮轮胎和履带将工地上的泥土粘带到沿途路上,经过来往车辆碾轧形成灰尘,造成雨天泥泞,晴天风干,飘散飞扬;另外,清理平整场地中也会造成尘土飞扬。施工扬尘往往影响施工场地和附近区域的环境卫生和人们生活环境的质量。

2) 风险评价

大气污染风险发生的概率中等。一旦发生,其影响程度中等。

12.3.5 临时占地风险

1) 风险内容

临时占地补偿风险主要分析项目决策机关是否享有相应的决策权并在权限范围内进行决策,是否符合法定程序;决策主体是否合法,决策内容是否与现行政策、法律、法规相抵触,是否有充分的政策、法律依据。

2) 风险分析

项目单位按照建设项目相关法律规定开展前期准备工作,广泛征求当地各主管部门的意见,并且依据反馈意见进行了方案的优化。该项目工程决策充分考虑了各方面的因素,论证过程严谨、科学。

3) 风险评价

对于本项目而言,对临时占地风险发生的概率中等。一旦发生,其影响程度中等。

12.3.6 噪声风险

1)风险分析

项目施工中将动用大量的施工设备和机械产生的振动噪声和交通噪声。施工机械作业时产生的噪声是施工阶段的主要噪声影响源,其声源较大的机械设备主要有轮式装载机、起重机、挖掘机、推土机、夯土机、振动器、吊车、切割机,及重型载货汽车等。施工机械具有噪声高、无规则等特点,因此,施工时如不加以控制,往往会对附近声环境产生较大的影响。所以,应通过采取项目降噪措施,减少对周边的影响。

2)风险评价

本项目施工期间产生的噪声,需采取适当的降噪措施保证满足国家标准。施工期采取的相关防噪措施是否能执行到位,是一个重要的风险因素。

噪声风险发生的概率中等。一旦发生,其影响程度较大。

12.3.7 农民工工资保障

1)风险内容

农民工工资能够及时足额发放到位。

2)风险分析

施工期流动人口发生犯罪行为、施工现场被盗等治安事件,影响周边群众安全感,需加大工程现场管理,加强流动人口思想教育工作。农民工工资不能及时发放到位,易引起群体性事件。

3)风险评价

对于本项目而言,对农民工工资保障风险发生的概率中等。一旦发生,其影响程度较大。

12.3.8 施工安全、卫生与职业健康影响

1)风险内容

施工期间施工操作不当,可能造成严重的人员伤亡事故。

2)风险分析

土方车和其他运输车辆的管理,施工和运行存在的危险、有害因素及安全管理制度,卫生与职业健康管理,应急处置机制等。

3)风险评价

本项目施工安全、卫生与职业健康影响风险发生的概率较低。一旦发生,其影响程度中等。

12.3.9 对区域交通影响

1)风险内容

是否会造成原有交通设施的破坏,造成当地居民的出行不便。

2)风险分析

本项目施工期间会暂时影响当地交通秩序,增加其他道路的交通运输负担,导致原有道路车流的动态变化,扰乱正常交通运输格局,这都将给居民的出行、工作、生活、生产带来不利影响。

本项目施工过程中,大吨位施工车辆的行驶可能会对当地已有道路造成严重的破坏,沿线群众对此问题表示担忧。如果本项目的施工建立在对原有道路破坏的基础上,而不采取任何保护补救措施,势必引起沿线群众的不满而降低本项目社会效益,甚至发生群体性事件阻挠本项目的实施。

本项目的实施对周边居民的交通出行会产生一定的影响,但项目实施后可有效改善当地交通出行状况,群众接受度较高,项目风险可控。

3)风险评价

综上所述,对于本项目而言,对区域交通影响发生的概率中等。一旦发生,其影响程度较小。

12.3.10 社会治安和公共安全

1)风险内容

项目建设带来的流动人口增加、食品安全、传染病、卫生防疫,及环境变化等对社会秩序、治安等带来的影响。

2)风险分析

本项目建设规模较大,施工期间是否会对当地的居民带来影响,从而引发施工单位人员与当地居民之间的矛盾冲突等事件。

3)风险评价

本项目实施时会通过招(投)标的形式选择专业的施工队伍,选择文明施工方式及严格的管理制度,基本不会发生违反制度的现象。因此,社会治安与公共安全风险发生的概率较低,其影响程度中等。

12.3.11 媒体舆论导向及影响

1)风险内容

社会舆论风险分析主要考虑在项目建设的过程中各方面的社会舆论是否带来一定的负面影响,是否存在恶意炒作和不理解的现象,项目的前期宣传工作是否到位等。

2)风险评价

对于本项目而言,社会舆论风险发生的概率较低。但是,一旦发生社会舆论风险,其影响程度中等。

12.3.12 主要风险识别表(见表12.3-1)

主要风险识别表

表12.3-1

序号	风险因素	相关各方	可能引起的原因	潜在的后果	风险发生阶段
1	项目审批程序及批复	相关决策部门、项目参与各方	决策机关不具有相应的决策权,未在权限范围内进行决策,越权决策	(1)决策不合法;(2)项目程序违规	前期决策阶段
2	信息公示与公众参与制度	项目单位、附近区域内的居民	周边民众对项目不了解	引发公众对项目的反对	前期决策阶段
3	工程方案	项目单位、附近区域内的居民	(1)技术标准偏高或偏低;(2)设计方案不合理	(1)项目重新审查,影响项目进度;(2)引发工程事故	前期、施工阶段
4	大气污染影响	项目单位、施工单位、附近居民	大气污染防治措施不到位	群众不满,阻碍施工,引发群体事件	施工、运营阶段
5	噪声影响	项目单位、施工单位、附近居民	噪声防治措施不到位,噪声超标	(1)噪声扰民,群众阻碍施工;(2)群众不满,引发群体事件	施工、运营阶段
6	农民工工资保障	施工单位、监理单位、项目单位	施工期有一定数量的流动人口,对当地治安有影响。运营期客流量大,流动人口多	一旦管理不善,可能产生抢劫盗窃、酗酒赌博、打架斗殴等社会治安事件	施工阶段
7	施工安全、卫生与职业健康	施工单位、监理单位、项目单位	施工期间具有高危工作岗位,可能造成严重的人员伤亡事故	可能造成施工工人及工作人员人身伤害,若安抚赔偿不到位,则可能引发群体性事件	施工阶段
8	对区域交通影响	施工单位、监理单位、项目单位	施工期间交通方案不合理,造成出行不便;区域路网衔接不畅	阻碍施工、影响项目进度	施工、运营阶段

续上表

序号	风险因素	相关各方	可能引起的原因	潜在的后果	风险发生阶段
9	社会治安和公共安全	施工单位、项目单位、治安、卫生防疫	(1)施工影响当地居民生活,发生人员冲突;(2)大量人员聚集造成治安隐患;(3)引发传染病;(4)食品安全;(5)职业病	(1)引发群众冲突事件;(2)导致上访、闹事等;(3)影响项目进度;(4)导致人员伤亡	施工、运营阶段
10	媒体舆论导向及影响	当地宣传部门、项目单位	(1)正面宣传解释和舆论引导工作不充分;(2)媒体不负责任,恶意炒作	(1)引发社会负面舆论,给项目实施造成很大困扰;(2)宣传引导不到位,造成群众对党、对政府工作的不信任	施工、运营阶段

12.4 风险估计

12.4.1 风险估计方法

通过采用定性与定量相结合的方法,找出主要风险因素,并对每个主要风险因素的风险程度进行分析、预测和估计,层层剖析引发风险的直接和间接原因,预测和估计可能引发的风险事件,分析其引发风险事件的可能性,估计发生的概率,分析影响程度(后果),判断发生的时间、形式、风险程度。

根据本项目的实际情况,结合社会稳定风险识别采用的方法,本项目社会稳定风险估计采用风险矩阵和对照表等方法。即在风险识别的基础之上,结合上述方法,确定各风险因素的发生概率、影响程度及权重,将其进行加权综合评价,再综合评价整体风险水平。

12.4.2 单因素风险估计

社会稳定风险测度,主要有风险发生的概率等级和风险的影响程度两个维度。

1)风险发生的概率等级

社会稳定风险概率即风险发生的可能性大小,根据社会稳定风险事件发生的可能性,在定性分析时,将社会稳定风险事件发生概率分为5个等级,即很高、较高、中等、较低和很低。风险概率等级,见表12.4-1。

风险概率等级表 表 12.4-1

发生概率	简单描述	表示	等级值(%)
很高	几乎确定	S	80~100
较高	很有可能发生	H	60~80
中等	有可能发生	M	40~60
较低	发生的可能性很小	L	20~40
很低	发生的可能性很小,几乎不可能	N	0~20

2)风险的影响程度

按照风险发生后对项目的影响大小,将影响程度划分为可忽略、较小、中等、较大、严重5个等级。风险程度等级,见表12.4-2。

风险程度等级表 表 12.4-2

风险影响	参考依据	表示	等级值(%)
可忽略	风险影响规模有限,涉及个别利益相关者,可能发生个别矛盾,影响短时间可以消除	N	0~20
较小	风险影响规模较小,涉及人数较少,影响时间较短,可能零星引发一般风险事件,局部范围造成不利负面影响	L	20~40
中等	对相关群体合法权益构成不利影响;风险影响规模中等,涉及一定数量人群;可能引发一般风险事件,在当地造成一定负面影响	M	40~60
较大	关系到相关群体的重要权利;风险影响规模较大,涉及人数较多,影响时间较长;可能引发较大风险事件,造成较大负面影响	H	60~80
严重	关系到相关群体的基本权利、重大利益;风险影响的规模大,涉及人数众多;影响时间长;可能引起严重风险事件,造成极大负面影响	S	80~100

根据上述分析,结合公众调查,并参考其他建设项目,确定本项目各风险因素的风险影响程度等级指数。

3)风险程度

风险评价矩阵是在对项目各个单因素风险进行定性描述的基础上,通过问卷调查等方式,将项目社会稳定风险转化为关于风险发生概率(p)和影响程度(q)的函数,并将两者相乘($p \times q$)获得单项风险程度(R);且单项风险划分为5个级别,即重大、较大、一般、较小、微小。依据风险评价矩阵,定性地判断单因素风险因素。单项社会稳定风险矩阵分布划分标准。

根据项目特点，判断拟建项目采取措施前主要风险因素及风险程度（见表12.4-3和表12.4-4）。

措施前主要风险因素及风险程度表（定性分析） 表12.4-3

序号	风险因素		风险概率(p)	影响程度(q)	风险程度($p \times q$)
1	政策规划和审批程序	项目审批程序及批复	很低	较大	较小
2		信息公示与公众参与制度	较低	中等	较小
3	工程方案	工程方案	较低	中等	较小
4	生态环境影响	大气污染影响	中等	中等	一般
5		噪声和振动影响	中等	较大	一般
6	经济社会影响	农民工工资保障	中等	较大	一般
7		施工安全、卫生与职业健康	较低	中等	较小
8		区域交通影响	中等	较小	较小
9	社会环境对项目的敏感性	社会治安和公共安全	较低	中等	较小
10	社会对项目的包容性	媒体舆论导向及影响	较低	中等	较小

措施前主要风险因素及风险程度表（定量分析） 表12.4-4

序号	风险因素	权重(W)	风险发生概率	风险影响程度	风险程度	风险等级
1	项目审批程序及批复	0.011	0.15	0.75	0.1125	0.0124
2	信息公示与公众参与制度	0.050	0.3	0.5	0.1500	0.0075
3	工程方案	0.100	0.25	0.55	0.1375	0.0138
4	大气污染影响	0.120	0.5	0.55	0.2750	0.0330
5	噪声和振动影响	0.090	0.45	0.65	0.2925	0.0263
6	农民工工资保障	0.150	0.45	0.7	0.3150	0.0473
7	施工安全、卫生与职业健康	0.090	0.25	0.5	0.1250	0.0113
8	区域交通影响	0.090	0.5	0.3	0.1500	0.0135
9	社会治安和公共安全	0.140	0.25	0.5	0.1250	0.0175
10	媒体舆论导向及影响	0.060	0.3	0.45	0.1350	0.0081
合计		1.000				0.1906

从上表可看出，项目可能引发的不利于社会稳定的综合风险指数为0.2040。由社会稳定风险等级评判标准可知，本项目社会稳定风险等级为“低风险”。

12.5 风险防范和化解措施

12.5.1 风险防范和化解措施

1)政策规划和审批程序风险防范和化解措施

(1)项目单位认真落实项目开工许可等报审工作,保障项目开工建设依法合规。同时,需确保项目建设内容符合国家的宏观政策,满足国家政策和规划的相关要求,响应项目所在地的相关规划和政策。加强合法性检查和自查,规避合法性风险。

(2)在施工入场前,项目单位应严格按流程办理建设工程相关前期手续。手续不完备不予开工建设,避免群众对开工建设手续的质疑。

(3)项目单位严格按照法律法规要求进行工程招投标。招投标过程中,要依据各施工单位的综合实力、技术水准、相关项目建设经验等方面综合比选,确定合适的承包商,并督促施工单位在施工过程中尽职尽责履行义务。选择合格的监理单位,保证工程的质量。

2)信息公示与公众参与制度风险防范和化解措施

突出公众参与,扩大决策的民主度。要坚持把公众参与纳入决策程序,广泛征求利益相关者的意见,在项目选址、规划设计、环境影响评价等方面,充分吸纳他们的意见,有效维护他们的相关利益。

在决策前期中,要建立起决策者、执行者和民众之间信息分享、磋商、参与等不同层次的参与机制,加强良性沟通和互动。加强民意正面引导,运用各种平台开展法律法规等宣传,让群众从工程建设中看到利益、获得预期,增加对工程建设的认同感。加强矛盾化解疏导,针对预测和评估中发现的问题和矛盾,完善应对预案,尽可能把矛盾化解在萌芽状态。

3)工程方案风险防范及化解措施

(1)项目单位应组织设计单位、施工单位开展项目方案、施工方案的合理设计,在保证公共利益的前提下尽量优化减少项目利益相关群体,注意了解当地实际情况,优化设计方案……

……

4)临时占地风险防范及化解措施

在选择施工作业带、材料堆放地、施工临时通道场址时,尽量选择荒地,减少对农田的占用,提高土地综合利用率……

临时占用耕地复垦应注意:在临时占用耕地之前,将其耕作层按相应厚度进行剥离,堆积于管道作业带边缘并进行适当防护,留待临时用地期满后恢复耕地之用……

协调沿线涉及的村庄召开村民代表会,通报该项目土地利用情况,根据相关文件规定确定临时占地补偿标准……

临时占地使用完毕后,为保障土地达到恢复原貌的要求,工程建设单位在施工完成后，会同当地村委会、占地居民，相关政府部门、施工单位、监理单位等共同完成土地恢复验收工作……

5）大气污染影响防范及化解措施

为降低扬尘产生量，保护大气环境，施工单位应严格执行《建设工程施工现场环境保护标准》《建设工程施工现场管理办法》并提出以下措施：

施工现场必须实行围挡封闭；施工现场出入口道路必须采用混凝土硬化并配备车辆冲洗设施……

6）噪声影响风险防范和化解措施

为把施工期噪声对周围居民的影响减少到最低，建议根据施工要求和机械设备条件，尽可能选择噪声值较低的施工机械。对为防治营运期噪声而采取隔声窗措施的声环境敏感点，尽量在施工前实施保护措施……

7）农民工工资保障风险防范和化解措施

施工单位是农民工工资保障的第一责任人，应做好流动人口治安管理工作。施工单位负责为进入施工现场的务工流动人员办理登记或暂住证，必须按国家相关规定与劳动者签订书面劳动合同，明确双方权利和义务，做到风险可控……

严格执行国家劳动和社会保障部关于保障农民工工资支付的措施……建立权利义务明确、规范的劳动关系。

项目单位应监督参建单位或者分包商对务工人员工资的发放情况……

8）施工安全、卫生与职业健康风险防范和化解措施

（1）制定工作岗位安全操作规程，严格要求，防止人员伤亡事故的发生。

（2）给施工人员配备安全防护装备，配备劳保用品，对特殊工种，定期组织体检，预防职业病的发生。

（3）制定应急处置机制。

9）区域交通影响风险防范和化解措施

（1）项目建设期间，交通量增加，项目单位和施工单位要遵守交通规则，严格执行《中华人民共和国交通安全法》的相关规定，维护道路交通秩序，预防和减少交通事故，保护人身安全，提高道路通行效率。

……

10）社会治安和公共安全风险防范和化解措施

对当地居民的生产生活带来影响，从而导致施工单位人员与当地居民之间的矛盾冲突事件；由于施工期间人员聚集可能导致的打架斗殴等事件应通过以下方式化解。

（1）项目单位设专人负责社会治安和公共安全工作（负责与各施工单位、当地政府联系和协调等工作），应采取以预防为主的治安防范措施，加强对施工人员的法制教育和管理工作。在施工过程中，应严格落实环保、安全要求，合理安排施工时间，尽可能减少对当地居民的影响。

……

11)媒体舆论导向及影响风险化解措施

依据《互联网信息服务管理办法》(国务院第292号令)、《互联网新闻信息服务管理规定》(国务院新闻办公室、信息产业部第37号令)等相关政策,加强媒体正面宣传和引导,开展舆论风险评估,开展社会舆论研判机制。

(1)项目单位加强媒体正面宣传和引导工作……,及时收集群众意见,对群众的误解及时解释和澄清,加强信息的公开化、透明化,营造健康发展的舆论环境。

……

12.5.2 建立社会稳定风险应急预案机制

社会稳定问题产生根源在于工程建设和运营对群众造成的各种影响,但问题的发生又具有很大的不确定性,其表现形式也复杂多变。因此,在全面落实上述化解措施的同时,项目应制订相应的应急处理预案,加强维稳和处置能力;一旦发生影响社会稳定问题的苗头和事件时,要及时向相关部门报告并启动相应的应急预案。

1)工作原则

社会稳定应急预案的工作原则是重点稳控、提前预防、疏导为主、紧急处置、职责明确、统筹配合。

2)组织保障

(1)成立项目社会稳定工作协调领导小组,统一管理和领导……。对维护社会稳定工作实行目标管理,并对各责任部门维护社会稳定工作进行考核。

(2)项目应制订相应的应急处理预案,要设立维稳工作岗位,配备专、兼职维稳工作人员,加强维稳工作人员知识技能培训,不断提高维稳接待和处置能力……随时掌握各方面信息,并保证信息能够及时地上传下达。

3)制度保障

(1)把维护社会稳定工作列入项目建设重要议事日程,定期组织召开维护社会稳定工作会议,听取有关单位社会稳定工作汇报;认真研究公众反映的新情况、新问题,分析可能出现的重大问题研究对策。

……

4)应急措施

发现重大社会稳定问题苗头或事件时,启动预案,并按以下程序开展工作:

(1)对已发生的群体性事件,各级维稳、信访办和治安等部门要认真接待;有关人员及时赶赴现场做好耐心细致的疏导工作,防止矛盾激化。

……

12.5.3 建立动态跟踪机制

在项目实施过程中对社会稳定风险全程跟踪,动态监测和评价,不断改进完善和落实风险控制措施。同时采取必要的形式,不间断地收集社会公众(利益相关群体)

的反映，及时发现新的社会稳定风险隐患，……真正把项目社会稳定风险化解在萌芽状态，最大限度减少不和谐因素。

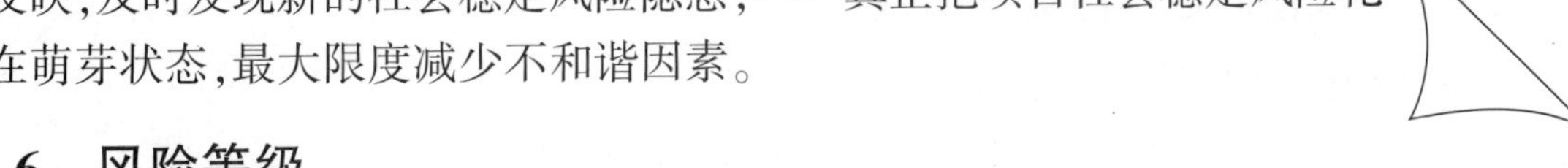

12.6 风险等级

12.6.1 风险防范、化解措施的合法性、合理性、可行性和可控性分析

12.6.1.1 合法性分析

本报告研究提出的风险防范、化解措施，是严格贯彻实施《中华人民共和国突发事件应对法》《关于建立健全重大决策社会风险评估机制的指导意见》（中办发〔2012〕2号）等法律法规精神的体现，是从源头抓起，预防和减少突发事件的发生，控制、减轻和消除突发事件引起的严重社会危害，规范突发事件应对活动，保护人民生命财产安全，维护国家安全、公共安全、环境安全和社会秩序的需要。

12.6.1.2 合理性分析

1）组织明确，狠抓落实

项目单位牵头，会同项目各参建单位成立社会稳定工作协调领导小组，统一管理和领导，明确参与人员，加强领导、强化责任意识，建立高效的联动工作机制。

2）开展隐患排查，化解问题矛盾

以"早发现、早报告、早控制、早解决"为工作原则，积极开展信访隐患排查活动，……确保万无一失。

3）改进工作方式

坚持走访调研工作制度，由群众反映变为走访，……防止激化矛盾。

4）加强宣传教育，做好舆论引导

通过网络、报纸、电视等多方渠道关注舆情走向，……引导社会心态平稳，健康发展。

12.6.1.3 可行性分析

本报告研究提出的风险防范、化解措施可行性强，具有以下特点：

1）针对性强

依据项目可能存在的社会稳定风险问题，提出了有针对性的解决方案。

2）可操作性强

（1）制定的措施有责任主体去解决和落实。

（2）有解决问题的具体步骤、方法。

（3）考虑了解决问题的时效性和必备条件，综合主观、客观条件对其影响和制约，符合实际。

12.6.1.4 可控性分析

本项目针对可能引发不稳定因素和群体性事件的苗头性、倾向性问题以及影响稳定的其他隐患，制订了相应的预防预警措施和应急处置预案，制订了化解矛盾的对策措施，项目风险处于可控范围之内。

12.6.2 采取措施后风险变化情况

落实措施后各风险变化情况，见表12.6-1。

落实措施后各风险变化汇总对比表　　表12.6-1

序号	风险因素	风险发生概率		风险影响程度		风险程度	
1	项目审批程序及批复	很低	很低	较大	中等	较小	较小
2	信息公示与公众参与制度	较低	很低	中等	较小	较小	较小
3	工程方案	较低	很低	中等	较小	较小	微小
4	临时占地	中等	较低	中等	较小	一般	较小
5	大气污染影响	中等	较低	中等	较小	一般	较小
6	噪声和振动影响	中等	较低	较大	中等	一般	较小
7	农民工工资保障	中等	较低	较大	中等	一般	一般
8	施工安全、卫生与职业健康	较低	很低	中等	较小	较小	较小
9	区域交通影响	中等	较低	较小	较小	较小	较小
10	社会治安和公共安全	较低	较低	中等	较小	较小	较小
11	媒体舆论导向及影响	较低	很低	中等	较小	较小	微小

12.6.3 采取措施后预期风险等级

1)风险等级评估标准

参照《国家发展改革委关于印发国家发展改革委重大固定资产投资项目社会稳定风险评估暂行办法的通知》(发改投资〔2012〕2492号)的分级标准，风险等级分为高风险、中风险、低风险(见表12.6-2)。一般情况下，项目整体的风险等级判定依据“就高不就低”的原则和“权重累积”的原则进行判断。

项目社会稳定风险等级评判参考标准表　　表12.6-2

风险等级	高风险(重大负面影响)	中风险(较大负面影响)	低风险(一般负面影响)
总体判断标准	大部分群众对项目建设实施有意见、反映特别强烈，可能引发大规模群体性事件	部分群众对项目建设实施有意见、反映强烈，可能引发矛盾冲突	多数群众理解支持，但少部分人对项目建设实施有意见，通过有效工作可防范和化解矛盾
可能引发风险事件评判标准	如冲击、围攻党政机关、要害部门及重点地区、部位、场所，发生打、砸、抢、烧等集体械斗、聚众闹事、人员伤亡事件，非法集会、示威、游行、罢工、罢市、罢课等	如集体上访、请愿、发生极端个人事件，围堵施工现场，堵塞、阻断交通，媒体(网络)出现负面舆论等	如个人非正常上访，静坐、拉横幅、喊口号、散发宣传品，散布有害信息等
风险事件参与人数评判标准	200人以上	10~200人	10人以下
单因素风险程度评判标准	2个及以上重大或5个及以上较大单因素风险	1个重大或2~4个较大单因素风险	1个较大或1~4个一般单因素风险
综合风险指数评判标准	>0.64	0.36~0.64	<0.36

2)落实措施后风险等级综合评估

(1)落实措施后单因素风险评判

根据经评估的落实措施后各主要风险因素变化情况,本项目10项主要风险因素中,“一般风险”1个、“较小风险”7个、“微小风险”2个。参照上表所列评判标准,本项目落实措施后单因素风险程度评判为低风险。

(2)落实措施后综合风险指数评判

本项目采用层次分析法进行各风险因素权重的赋值,并结合预期可能引发的风险事件和造成负面影响的程度等,综合判断项目落实风险防范、化解措施后的风险等级。

在综合分析的基础上,对评价结果进行加权综合,确定该项目各社会稳定风险因素权重见表12.6-3,计算出本项目落实措施后综合风险指数为0.1092,属于低风险(<0.36)。

落实措施后社会稳定风险综合评价值 表12.6-3

序号	风险因素	权重(W)	风险发生概率	风险影响程度	风险程度	风险等级
1	项目审批程序及批复	0.09	0.15	0.5	0.075	0.00675
2	信息公示与公众参与制度	0.03	0.15	0.25	0.0375	0.001125
3	工程方案	0.08	0.1	0.25	0.025	0.002
4	临时占地	0.12	0.3	0.35	0.105	0.0126
5	大气污染影响	0.12	0.35	0.4	0.14	0.0168
6	噪声和振动影响	0.08	0.45	0.4	0.18	0.0144
7	农民工工资保障	0.16	0.35	0.5	0.175	0.028
8	施工安全、卫生与职业健康	0.048	0.15	0.4	0.06	0.00288
9	区域交通影响	0.072	0.35	0.3	0.105	0.00756
10	社会治安和公共安全	0.12	0.35	0.35	0.1225	0.0147
11	媒体舆论导向及影响	0.08	0.15	0.2	0.03	0.0024
合计		1				0.1092

12.7 风险分析结论

12.7.1 拟建项目主要的风险因素

通过踏勘、调研、走访等研究分析,结合国家发改委颁布的《固定资产投资项目社会稳定风险分析篇章编制大纲》、河北省发展改革委《关于印发〈河北省重大固定资产投资项目社会稳定风险评估办法的通知〉》中关于风险因素的描述,对项目在建设、运行过程中可能引发社会稳定风险的主要5种类型(政策规划和审批程序、生态环境影响、经济社会影响、社会环境对项目的敏感性、社会对项目的包容性)单项风险因素进行识别分析。

在风险调查基础上,结合风险因素判断,本项目主要风险因素共11种。项目主要风险因素及风险程度,见表12.7-1。

本项目各类风险因素程度(措施后)汇总表 表 12.7-1

序号	风险因素		风险发生概率	风险影响程度	风险程度
1	政策规划和审批程序	项目审批程序及批复	很低	中等	较小
2		信息公示与公众参与制度	很低	较小	较小
3	工程方案	工程方案	很低	较小	微小
4	临时占地	临时占地	较低	较小	较小
5	生态环境影响	大气污染影响	较低	较小	较小
6		噪声和振动影响	较低	中等	较小
7	经济社会影响	农民工工资保障	较低	中等	一般
8		施工安全、卫生与职业健康	很低	较小	较小
9		区域交通影响	较低	较小	较小
10	社会环境对项目的敏感性	社会治安和公共安全	较低	较小	较小
11	社会对项目的包容性	媒体舆论导向及影响	很低	较小	微小

12.7.2 主要的风险防范、化解措施

根据各类主要风险因素及风险程度的分析与估计,在综合考虑群众调研、政府相关部门的意见和建议、相关单位的意见和建议,以及结合工程实际情况,制定针对性的风险控制措施。采取的对策措施,见表 12.7-2。

风险防范和化解措施汇总表 表 12.7-2

序号	风险发生阶段	风险因素	主要防范化解措施	实施时间和要求	责任主体	协助单位
1	项目决策阶段	项目审批程序及批复	(1)项目单位认真落实项目开工许可等报审工作,保障项目开工建设运营依法合规;(2)项目单位应严格按流程办理相关前期开工手续;(3)项目单位严格按照法律法规要求进行工程招(投)标	项目开工建设前	项目单位	项目审批部门及相关职能部门
2	项目决策阶段	信息公示与公众参与制度	(1)加大宣传力度,畅通宣传渠道;(2)对群众反映的问题及时给予解答与回复	项目开工建设前	项目单位	

续上表

序号	风险发生阶段	风险因素	主要防范化解措施	实施时间和要求	责任主体	协助单位
3	项目决策阶段	工程方案	(1)项目单位应组织设计单位、施工单位开展项目方案、施工方案的合理设计,从方案上减少风险事故发生的可能性;(2)建设单位应加强与相关利益群体就工程设计、施工方案的沟通,保证方案合理化、最优化;(3)设计单位应严格依照规范要求进行工程设计;(4)施工中应加强管理,严格按照设计的工程方案进行施工	项目运营前	项目、设计、施工单位	
4	项目实施阶段	临时占地	(1)依法确定补偿标准;(2)操作过程公开透明,公平对待;(3)公示地表物补偿标准,公示地表物评估金额,若有疑义可进行第二次评估,不得强行清除地表物,要与被补偿者签订协议	项目开工建设前	项目单位	项目沿线乡镇和村委会
5	施工、运营阶段	大气污染影响	(1)施工现场必须实行围挡封闭;(2)施工现场出入口道路必须采用混凝土硬化并配备车辆冲洗设施;(3)对驶出施工现场的机动车辆底盘和车轮冲洗干净后方可上路行驶;(4)水泥、砂、石灰等易撒落散装物料在装卸、使用、运输、转运和临时存放等全部过程中时,必须采取防风遮盖措施,以减少扬尘;(5)石灰、细砂等物料以陆路运输为主,运输时必须压实,避免撒落引起二次扬尘	项目全过程	施工、项目单位	监理单位
6	施工、运营阶段	噪声影响	(1)建设期合理安排施工区域的时序,将施工工作安排在昼间进行;(2)若有夜间噪声超标,采取降噪措施,并办理夜间施工许可证	项目全过程	施工、项目单位	监理单位

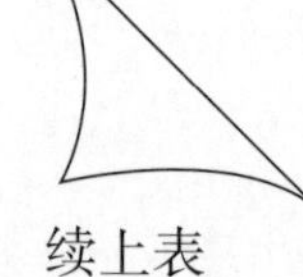

续上表

序号	风险发生阶段	风险因素	主要防范化解措施	实施时间和要求	责任主体	协助单位
7	施工运营阶段	农民工工资保障	(1)施工单位负责为进入施工现场的务工流动人员办理登记或暂住证,必须按国家相关规定与劳动者签订书面劳动合同,明确双方权利和义务;(2)按照“谁用工、谁管理、谁负责”的原则,建立健全施工现场治安管理制度,承担相应的治安责任;(3)项目单位应监督参建单位或者分包商对务工人员工资的发放情况	项目全过程	施工单位	项目单位
8	施工阶段	施工安全、卫生与职业健康	(1)制定高危工作岗位安全操作规程,严格要求,防止人员伤亡事故的发生;(2)给施工人员配备安全防护装备,配备劳保用品,对特殊工种,定期组织体检,预防职业病的发生;(3)制定应急处置机制	项目全过程	施工单位	项目单位
9	施工阶段	区域交通影响	(1)项目建设期间,交通量增加,项目单位和施工单位要遵守交通规则,维护道路交通秩序,预防和减少交通事故,保护人身安全,提高道路通行效率;(2)施工单位配合当地交通部门做好施工出行,尽可能避开早晚高峰期及居民休息时间;(3)施工过程中大量的筑路设备和材料的运输将增加乡间道路交通量,尤其大吨位车辆通行可能对道路造成一定程度的破坏,故应做好附近道路的养护工作	项目全过程	施工单位	项目单位

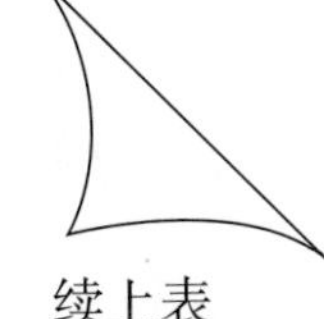

续上表

序号	风险发生阶段	风险因素	主要防范化解措施	实施时间和要求	责任主体	协助单位
10	施工运营阶段	社会治安和公共安全	(1)加强流动人口管理,建立务工人员的登记档案,科学安排人员轮值巡逻,加强重点工地的巡逻防控;(2)项目单位和施工单位通过建立专职的卫生管理组织,落实岗位责任制度,建立卫生防病信息的报告制度,加强食品安全、传染病、卫生防疫等管理	项目开工建设前	施工单位	项目单位
11	施工运营阶段	媒体舆论导向及影响	(1)加强媒体正面宣传和引导,加强信息公开,营造健康舆论环境;(2)开展舆论风险评估,预控矛盾激化,引导社会心态健康发展;(3)建立健全舆情预警、监测、社会舆论研判机制	项目全过程	项目单位	

12.7.3 拟建项目风险等级

在采取以上处置措施后,项目单个重点风险因素的风险概率及风险程度有不同程度的降低。结合落实措施后项目的单因素风险判定法和综合风险指数法的判定结果,项目组认为本项目在充分落实风险处置措施后,能够有效降低风险,风险等级为低风险。

12.7.4 对落实风险防范、化解措施的有关建议

(1)项目单位应按照政府建设项目审批流程要求,尽快完善相关手续,确保项目实施和运营过程中的所有审批手续齐备,切实做到程序规范、合法合规。

(2)项目单位应根据本报告的内容,结合工程建设实际,建立更为详细的社会稳定风险防范制度和组织体系。与项目参建单位签订风险责任协议,将维护社会稳定工作落实到具体的单位和个人,实行社会稳定风险责任制。

(3)加强社会稳定风险管控,做好防范风险事件发生的措施……

(4)加强项目社会稳定风险的实时监控,准备好应变措施和应急方案……

13 问题与建议

(1)项目的施工期会对居民出行造成一定程度影响,建议提前做好解释和安抚工作。

(2)沿线电信、电力线侵入公路界较多,建议实施前应尽快迁移。

(3)建议施工单位妥善处理建筑垃圾,防止对环境造成污染。

附件:图纸目录

目　录

项目名称:××市乡道 Y289××至××改造项目

序号	图纸名称	图号	页数	序号	图纸名称	图号	页数
	方案一(推荐方案)				四、交叉工程		
	一、总体、路线			19	交叉工程数量估算表	GK1-4-1	1
1	地理位置图	GK1-1-1	1	20	交叉工程方案图	GK1-4-2	1
2	区域路网图	GK1-1-2	1		五、交通工程及沿线设施		
3	区域工程地质图	GK1-1-3	1	21	沿线设施工程估算表	GK1-5-1	1
4	推荐方案路线平面图	GK1-1-4	10		六、绿化工程		
5	推荐方案路线纵断面图	GK1-1-5	10	22	绿化工程数量估算表	GK1-6-1	1
	二、路基路面、排水防护				七、投资估算		
6	路基标准横断面图	GK1-2-1	1		方案二(比较方案)		
7	路基土石方数量估算表	GK1-2-1	1	23	路面工程数量估算表	GK2-1-1	1
8	路基路面排水及防护工程数量估算表	GK1-2-3	1	24	路面结构方案图	GK2-1-2	1
9	路堑防护工程方案图	GK1-2-4	1	25	比较方案投资估算		
10	路基路面排水工程方案图	GK1-2-5	1				
11	路面工程数量估算表	GK1-2-6	1				
12	路面结构方案图	GK1-2-7	1				
13	不良地质地段表	GK1-2-8	1				
14	特殊路基处理工程数量估算表	GK1-2-9	1				
15	特殊路基处理方案图						
	三、桥涵						
16	桥梁工程数量估算表	GK1-3-1	1				
17	涵洞工程数量估算表	GK1-3-2	1				
18	K×+×××小桥桥型布置图	GK1-3-3	1				

案例二　养护项目

××市乡道××(××至××)段养护工程

工程可行性研究报告

二〇二〇年五月

目 录

1 概述

项目地理位置图(略)。

1.1 项目概况

1.1.1 项目单位基本情况

项目法人:×××

地 址:×××

邮 编:×××

运营管理机构:×××

地 址:×××

邮 编:×××

工程可行性研究报告编制单位:河北锐驰交通工程咨询有限公司

地 址:河北省石家庄市平安南大街30号

邮 编:050021

电 话:0311-86089559

传 真:0311-86089559

1.1.2 项目背景

乡道××(××至××)段公路是××市境内一条乡道,路线代码×××。

根据××市农村公路专项规划(2016—2020),市农村公路布局分为公路网主骨架布局和乡道网络布局。本项目属于乡道网络布局中的×××至××公路。

本项目连接××市城区和沿线××、××等村镇,同时与××路衔接。近年来,随着区域经济的发展,运输车辆的增多,交通量急剧增加,使本项目路面损坏严重,沥青路面出现大面积龟裂、坑槽等病害。总体看来,本项目路段路面技术状况衰减明显,大部分路段低于养护标准要求,有必要尽快对该些路段路面病害进行治理。

鉴于此,××市交通运输局于2020年5月,委托河北锐驰交通工程咨询有限公司开展本项目工程可行性研究报告的编制工作。

1.2 主要编制依据

(1)交通运输部,2010年《公路建设项目可行性研究报告编制办法》。

(2)调查收集相关区域的社会经济"十三五"发展规划、交通运输、年鉴等资料。

(3)国家现行工程标准、规范、规程和指南等。

①《公路工程技术标准》(JTG B01—2014)。

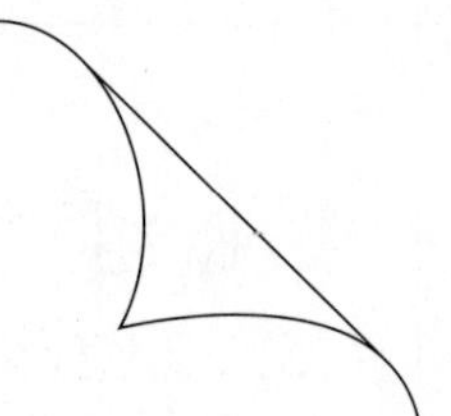

②《公路养护技术规范》(JTG H10—2009)。

③《农村公路养护技术规范》(JTG/T 5190—2019)。

④《公路技术状况评定标准》(JTG H20—2007)。

⑤《公路沥青路面养护设计规范》(JTG 5421—2018)。

⑥《公路沥青路面养护技术规范》(JTG 5142—2019)。

⑦《公路沥青路面设计规范》(JTG D50—2017)。

⑧《公路排水设计规范》(JTG/T D33—2012)。

⑨《公路交通安全设施设计规范》(JTG D81—2017)。

⑩《公路桥涵养护规范》(JTG H11—2004)。

⑪《公路养护安全作业规程》(JTG H30—2015)。

⑫《公路工程建设项目投资估算编制办法》(JTG 3820—2018)。

⑬《公路工程估算指标》(JTG/T 3821—2018)。

⑭《农村公路养护预算编制办法》(JTG/T 5640—2020)及有关标准、规范、规程等。

(4)施工图设计文件、竣工图、后评估报告及管理、养护资料等。

1.3 研究过程及内容

1.3.1 研究过程

受××市交通运输局的委托,我公司于2020年5月成立项目工作组,开始对本项目进行可行性研究工作。首先在征集多方面意见、搜集资料的基础上,经实地踏勘、测量,研究养护方案。

于2020年5月底完成本项目工程可行性研究报告的编制工作。

1.3.2 研究内容

为给本项目的工程方案实施决策提供科学依据,在充分调查、搜集资料及现场踏勘基础上,结合本项目所在地区公路网的特殊位置及社会经济、交通量预测、养护方案研究及各项评价,对项目的必要性、项目可行性、经济合理性和实施可行性进行了综合研究,最终提出经济合理并切合实际可行的推荐方案。

1.4 建设的必要性

(1)本项目的建设是落实党中央国务院、河北省、××市有关农村公路建设要求的重要内容。

(2)本项目的建设是实施乡村振兴战略、决胜全面小康的必要条件。

(3)本项目的建设是适应××市农村经济发展、满足农村交通需求的必要条件。

(4)本项目的建设是完善所在区域路网、提高道路服务水平的必要条件。

(5)其他。

1.5 主要结论

1.5.1 交通量预测

根据交通运输部《公路工程技术标准》(JTG B01—2014)的有关规定,四级公路交通量预测年限为9年,预测基年为2019年。本项目交通量预测结果,见表1.5-1。

未来×年×线至×段断面交通量(折合标准小客车) 表1.5-1

年 份	年平均日交通量(辆/d)	年 份	年平均日交通量(辆/d)
2020	4003	2025	4965
2021	4204	2026	5114
2022	4414	2027	5267
2023	4590	2028	5425
2024	4774		

1.5.2 技术标准

项目路段为四级公路,设计速度20km/h,对向双车道,车道宽3m。本项目为养护工程,维持既有道路技术标准不变。

1.5.3 项目和工程方案概述

1.5.3.1 路线走向

本项目桩号范围为K0+000~K11+218,总体走向由西向东,路线起终点与旧路一致。起点与GX国道交叉,起点桩号K0+000。路线经×××村、×××村,终止于SX省道交叉,终点桩号K11+218,路线全长11.218km。

1.5.3.2 病害情况

项目路段路面状况指数(PCI)平均值为32.7,路面行驶质量指数(RQI)平均值为55.6。其中,PCI优良路里程为0.000km,优良路占比为0.00%,次差路里程为7.693km,次差路占比为75.43%;RQI指标优良路里程为2.506km,优良路占比为24.57%,次差路里程为7.693km,次差路占比为75.43%。现场主要病害是龟裂、车辙,纵横缝密集。

1.5.3.3 养护历史

项目路段建成后未进行过大中修工程,仅进行日常养护和局部修补。

1.5.3.4 养护方案

本项目××路段,长11.218km,四级公路,设计速度20km/h,现状路基宽7.5~10m。

其中××段进行结构性修复,修复方案为……

××段进行功能性修复,修复方案为……

同时项目涉及:

平交口被交路顺坡、硬化16处。

护栏改造108m;涂画标线路段长11.218km;标志牌15处,其中改造5处,新增10处。

1.5.3.5 工期安排

本项目计划2020年8月开工,2020年12月完工,工期5个月……

1.5.4 投资估算、资金筹措

本项目估算投资××万元,其中建安费××万元,拆迁补偿费××万元,工程建设其他费用××万元,预备费××万元,平均每公里造价××万元。全部由××市投资,并列入2020年财政预算,投资估算见下表(略)……

1.6 问题及建议

(1)本项目为养护工程,应树立道路全寿命周期成本意识,加强路况检测评定等基础性工作,定期开展路基、路面技术状况调查,不断完善、更新路况数据库,充分应用养护管理评价信息平台,根据检测结果进行评定;并根据评定指标采取养护对策,科学制定预防养护计划,降低道路的全寿命周期成本。

(2)加大科技创新力度,积极采用新技术、新材料、新工艺和新设备。积极推广应用改性沥青等先进成熟技术,积极引进并深入研究路面预防养护技术,采用沥青混凝土罩面、裂缝处置等措施延长道路使用寿命,以最经济的方式达到最佳的养护效果,实现全寿命周期公路养护成本最小化。

(3)施工期间要做好交通组织、疏导及施工安全工作,防止交通堵塞及意外的发生。

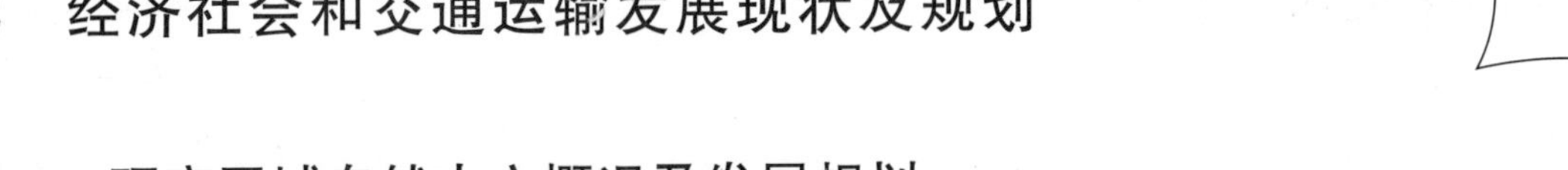

2　经济社会和交通运输发展现状及规划

2.1　研究区域自然人文概况及发展规划

××市位于河北省冀中平原南部。北与××县、××县接壤，东与××市为邻，南与××市、××县交界，西与××市毗连……

2.2　研究区域社会经济概况及发展

2.2.1　社会发展概况

××市××产业兴旺发达，这里是全国最大的×××集散地……

2.2.2　经济发展现状

全市国民经济发展走势强劲，2017年××市地区生产总值达到××亿元。其中，第一产业××亿元，第二产业××亿元，第三产业××亿元，产业结构进一步优化。历年产业结构变化情况见下表（略）……

2.3　项目在路网中的地位和作用

2.3.1　项目所在地区公路网现状

经过多年发展，××市形成了以公路为主体，铁路为补充的综合运输体系框架……

截至2015年底，××公路通车总里程达到××km，公路网密度达××公里/百平方公里……

2.3.2　农村公路重要性及发展规划

实现全面建成小康社会这一宏伟目标，最繁重、最艰巨的任务在农村，农村地区仍然是经济社会发展的薄弱环节。就交通运输而言，根本目标是要实现交通运输基本公共服务均等化……

××市普通公路网主骨架布局方案为“一环、四纵、四横、五联”……，在普通路网主骨架布局基础上，加强覆盖和连通，规划布局××条乡道，乡道总条数达到××条段，总里程为××km……

2.3.3　区域路网中的地位及作用

本项目属于规划××条乡道中的一条，对于加强市区和南部村镇之间经济联系、人员交往具有重要作用……

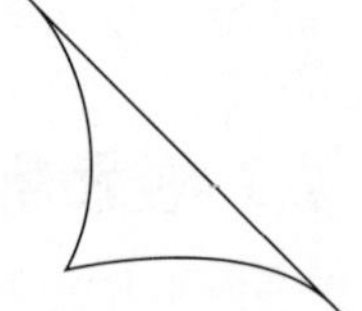

3 交通量分析及预测

3.1 交通量现状及历史交通量

交通量调查是公路项目可行性研究的重要环节,其目的是研究项目所在地区公路交通量的特性和构成,掌握公路交通流量、流向及车辆构成等数据资料。

为了解××市×××至××庄段机动车的现状流量、流向以及交通分布特征,采用该区域交通流量调查布设的观测点的观测数据,作为交通分析与预测的基础资料……

对获得的交通量数据进行车型组成和交通量变化分析。车型划分标准,见表3.1-1。车型划分按照《公路工程技术标准》(JTG B01—2014)表3.1-2规定执行,各类车型占比按照折合标准小客车计算。

车型划分标准表 表3.1-1

车类	车型
小客车	座位≤19座的客车和载质量≤2t的货车
中型车	座位>19座的客车和2t<载货量≤7t的货车
大型车	7t<载质量≤20t的货车
汽车列车	载质量>20t的货车

根据2019年观测数据,可以得到2019年年均日交通量构成见表3.1-2。

××线车型构成表(自然数) 表3.1-2

观测段落	小客车	中型客车	小型货车	中型货车	大型货车	汽车列车	拖拉机	合计
K××+×××~K××+×××段	40.68%	4.23%	2.98%	15.93%	11.26%	16.61%	8.31%	100.00%

根据2019年××线分车型的统计资料得知交通量构成情况,可以看出项目K××+×××~K××+×××车型构成以小客车为主,中型货车、大型货车及汽车列车为辅。

3.2 交通量预测

根据交通运输部《公路工程技术标准》(JTG B01—2014)的有关规定,三级公路交通量预测年限为15年,四级公路交通量预测年限为9年,预测基年为2019年。安新线—故前线(Y206)交通量预测结果,见表3.2-1。

未来××年××线至××段断面交通量(折合标准小客车) 表3.2-1

年份	年平均日交通量(辆/d)	年份	年平均日交通量(辆/d)
2020	4003	2025	4965
2021	4204	2026	5114
2022	4414	2027	5267
2023	4590	2028	5425
2024	4774		

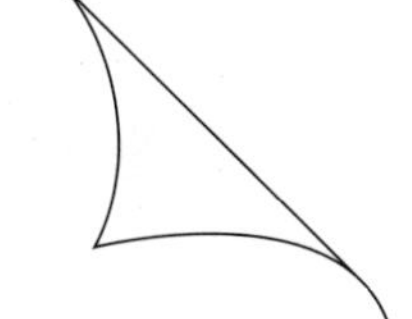

4 技术标准

4.1 公路等级的选用

本项目为养护工程,采用原道路技术标准,为四级公路。

4.2 设计速度确定

本项目为养护项目,采用原道路技术标准,为20km/h。

4.3 路基宽度及车道数

本项目为养护项目,维持原有公路路基宽度及车道数不进行调整。

本项目现状技术标准,见表4.3-1。

本项目现状技术指标表　　表4.3-1

指　标	单　位	技术标准值		
公路等级	—	四级公路		
		规范要求值	野外段	过村段
设计速度	km/h	30(20)	20	
路基宽度	m	—	10	7.5
路面宽度	m	—	7	
圆曲线最小半径	m	30(15)	50	
凸形竖曲线最小半径	m	200(100)	9000	
凹形竖曲线最小半径	m	200(100)	6000	
最大纵坡	%	9	0.5852	
最小坡长	m	60	85.4	
路面结构类型	—	—	沥青混凝土	
停车视距	m	20	20	

注:其他未尽事宜按有关技术规范办理。

5 建设条件

5.1 自然条件

1)地形地貌

××市位于华北平原腹地,京、津、石三角中心地带,处于环京津和环渤海经济圈中……

2)地质、地震

项目位于河北省太行山山前冲洪积平原中北部,路线经过区处于太行山洪积扇前缘—冲积平原……

据国家地震局发布的《中国地震动参数区划》,××市基本地震动峰值加速度为0.15g,地震动反应谱特征周期为0.45s,对应地震烈度Ⅶ度。

3)水文气候

区地下水主要赋存于第四系松散地层中,呈现多层结构的含水层系,含水层岩性主要为粉土、粉细砂,局部有中砂。

本路段属于温带大陆性季节气候,冬季寒冷,夏季炎热,气温的年温差较大,降水季节分配不均匀,表现出明显的大陆性气候特征。

5.2 规划和重要影响点分布

1)村镇规划

××市辖××个镇,××个乡,××个行政村,市政府驻地××镇……

2)产业布局

××市是全国最大的××集散地之一,经过多年发展,形成了种、加、销一条龙,科、工、贸一体化的发展格局……

3)资源分布

沿线分布有×××种植示范园……

5.3 筑路材料及运输条件

1)石料

保定易县的石料场,石质为玄武岩,该石料致密、坚硬、强度高,与沥青黏结力优。

2)砂和砂砾

滹沱河故道冲积物,砂质良好,储量丰富。

3)水泥

石家庄有充足的水泥供应,当地盛产各种硅酸盐及矿渣水泥,可按工程需要直接购进。

4)沥青

沥青应选用符合“道路石油沥青技术要求”的沥青,可从石家庄市购买。

5)工程用水用电

路线经过地区地下水资源丰富,地下水位较高,机井较多,工程用水方便。

沿线电力供应方便,工程用电可与电力部门协商解决。考虑到本项目用电较小,也可采用自发电。

6)运输方式

本项目沿线交通发达,运输便利,主要有国道G307、国道G230、省道S392,以及地方道路。主要料场均有县级以上的公路相通,通过县乡级公路和修建少量施工便道便可进入工地,因此材料运输十分便利。

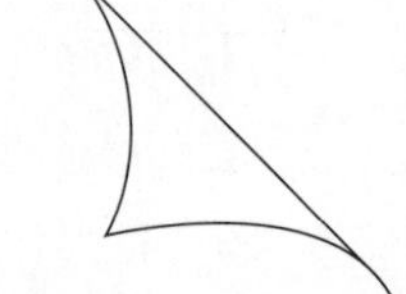

6 建设方案

6.1 养护范围

本项目桩号范围为K0 +000 ~ K11 +218,总体走向由西向东,路线起终点与旧路一致。起点与GX国道交叉,起点桩号K0 +000,路线经×××村、×××村,终止于SX省道交叉,终点桩号K11 +218,路线全长11.218km。

6.2 项目现状

6.2.1 公路技术标准

既有公路为四级公路,设计速度20km/h。全线采用整体式路基,路基宽7.5 ~ 10m,路面宽度7m,沥青混凝土路面。

6.2.2 路线现状

既有公路路线全长11.218km。经对既有道路路线拟合,K××+×××、K××+×××、K××+×××处按平交口处理,其他指标较好。公路主要技术指标,见表6.2-1。

道路主要技术指标表 表6.2-1

指　标	单　位	技术标准值		
公路等级	—	四级公路		
		规范要求值	野外段	过村段
设计速度	km/h	30(20)	20	
路基宽度	m	—	10	7.5
路面宽度	m	—	7	
设计洪水频率	—	按具体情况确定	1/15	
圆曲线最小半径	m	30(15)	50	
凸形竖曲线最小半径	m	200(100)	9000	
凹形竖曲线最小半径	m	200(100)	6000	
最大纵坡	%	9	0.5852	
最小坡长	m	60	85.4	
路面结构类型	—	—	沥青混凝土	
停车视距	m	20	20	

6.2.3 路基现状

既有公路沿线地势平坦,路基均较低,最大填高约1.2m。其余路段现状路基填方均低于1m,均未设置防护。部分路段设置绿化平台,平台宽度0.5 ~ 1.5m。局部路段有行道树,间距2 ~ 5m。

既有公路均采用分散排水方式，大部分路段无边沟，局部设置有土质边沟（图6.2-1）或预制块/砌石边沟（图6.2-2）。

图6.2-1　路侧土边沟

图6.2-2　路侧预制块边沟

6.2.4　路面现状

随着区域经济的发展，运输车辆的增多，交通量急剧增加，使本项目路面损坏严重，沥青路面出现大面积龟裂（图6.2-3）、坑槽（图6.2-4）等病害，水泥路面出现破碎板（图6.2-5）、坑洞（图6.2-6）等病害。致使车辆通行不畅，公路服务水平降低，项目现状已经不能满足交通量快速发展的要求，与沿线经济的快速发展极不相适应，也给沿线居民的正常出行带来了诸多不便。

图6.2-3　龟裂

图6.2-4　坑槽

图6.2-5　破碎板

图6.2-6　破碎板、坑洞

6.2.5 桥涵现状

本次项目路段中有桥梁1座、管涵5座，见表6.2-2。经现场调查，K5+587小桥桥面沥青铺装出现大面积龟裂，其他构件技术状况良好；其他灌溉管涵均通畅、排水良好。

构造物一览表

表6.2-2

序号	中心桩号	类型	跨越地物	跨径(m)	备注
1	K4+010.0	灌溉管涵	灌溉沟	1—0.5	
2	K4+102.0	灌溉管涵	灌溉沟	1—0.5	
3	K4+377.0	灌溉管涵(图6.2-7)	灌溉沟	1—0.5	
4	K4+386.0	管涵(图6.2-8)	灌溉沟	2—1	
5	K4+722	管涵(图6.2-9)	干渠道	1—1	路基净宽7.2m
6	K5+587	小桥(图6.2-10)	分干渠	3—5	净宽8.35m

图6.2-7 灌溉管涵

图6.2-8 管涵2—1m

图6.2-9 管涵1—1m

图6.2-10 3—5m小桥

6.2.6 路线交叉现状

养护路段公路等级较低，沿线路网复杂，附近村庄较多，非机动车辆和行人较多，均未渠化，横穿公路车辆、行人对行车有一定干扰。

养护路段共有平交口××处，除起终点平交口为二级路外，其他均为四级及以下公路。起终点平交口交角均为90°，采用水泥混凝土硬化，其余平交口均未硬化。

6.2.7 排水现状

××市乡道××线(××线至××线)养护工程全线路基不高,路面表面排水采用散排的方式,过村段除××处设有市政排水沟外,其余路段及野外段均未设置排水沟(图6.2-11)。路面范围内的雨水通过路拱横坡和路线纵断,排至自然沟渠或低洼集水坑(图6.2-12)。

图6.2-11 ××乡政府排水沟

图6.2-12 ××村自然沟渠

6.2.8 防护现状

项目路段均未对路基边坡进行防护。

6.2.9 安全设施现状

本次项目路段行驶速度较低,无明涵,桥梁护栏技术状况良好,沿线均未设置护栏等防撞设施。K××+×××~K××+×××段右侧临坑,坑深4~5m,现状无防护设施。

路线局部路段设置有少量停车让行标志、交叉路口标志、村庄名称标志。

6.3 项目病害情况

6.3.1 路面

1)路面技术状况自动化检测

2020年5月,业主委托检测单位对本次项目路段进行路面技术状况检测,对项目路段路面PCI、RQI进行了检测(图6.3-1)。检测结果,见表6.3-1和表6.3-2。

路面检测指标一览表　　表6.3-1

起点桩号	终点桩号	评定长度	路面状况(PCI)	行驶质量(RQI)
K0+000	K1+000	1000	78.54	94.69
K1+000	K2+000	1000	76.75	94.86
K2+000	K2+506	506	77.12	92.19
K2+506	K3+000	494	10.97	16.79
K3+000	K4+000	1000	13.12	50.21
K4+000	K5+000	1000	2.84	29.22
K5+000	K5+400	400	10.92	53.1

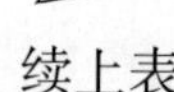
续上表

起点桩号	终点桩号	评定长度	路面状况(PCI)	行驶质量(RQI)
K6 +400	K7 +000	600	11.00	62.59
K7 +000	K8 +000	1000	43.16	69.25
K8 +000	K9 +000	1000	25.48	52.43
K9 +000	K10 +000	1000	21.26	32.97
K10 +000	K11 +000	1000	23.17	27.54
K11 +000	K11 +199	199	30.84	46.71

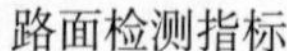
路面检测指标

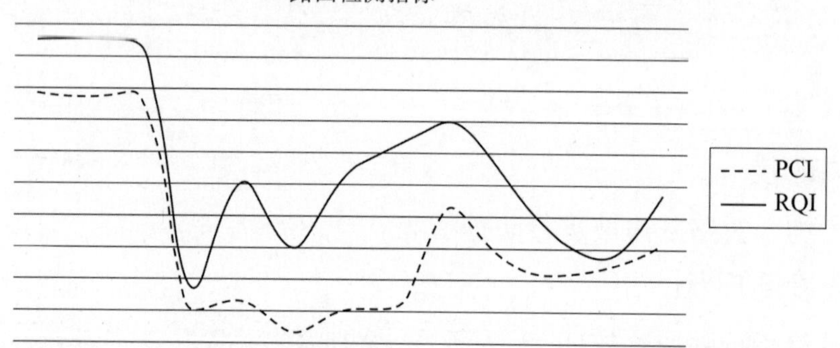

图 6.3-1　路面损坏状况指数(PCI)、路面行驶质量指数(RQI)变化图

指数统计表

表 6.3-2

评价等级	PCI		RQI	
	长度(km)	比例(%)	长度(km)	比例(%)
优	0.000	0.00	2.506	24.57
良	0.000	0.00	0.000	0.00
中	2.506	24.57	0.000	0.00
次	0.000	0.00	1.600	15.69
差	7.693	75.43	6.093	59.74
优良路	0.000	0.00	2.506	24.57
次差路	7.693	75.43	7.693	75.43
合计	10.199	100.00	10.199	100.00

项目路段指标 PCI 优良路里程为 0.000km,优良路占比为 0.00%;次差路里程为 7.693km,次差路占比为 75.43%。RQI 优良路里程为 2.506km,优良路占比为 24.57%;次差路里程为 7.693km,次差路占比为 75.43%。

2)钻芯取样

采取钻芯取样的方法对路面内部结构状况进行检测。钻芯取样为路面原位检测试验,是路面内部结构状况最直观的反映,可以用来评价路面结构组合状况、结构内部损坏状况、结构层间黏结状况等。本项目芯样钻孔试件直径为100mm,取样过程中应根据病害类型及严重程度确定取样的深度,一般钻至面层或基层;并结合本项目路面病害分布特点,选择钻芯位置及钻芯频率。钻芯取样为有损检测手段,无论补坑质量如何均会对原路面结构造成一定程度损害,钻孔位置根据实际情况尽量选在拟进行病害治理的范围内。

本项目路段共钻取芯样5个。通过钻芯芯样及路面病害状况可以看出,路面完好处部分芯样基层完好,基层强度较高;部分路段基层散碎,基层强度较差。路面纵缝处面层开裂,基层开裂部分散碎,底基层散碎(表6.3-3和图6.3-2)。

路面钻芯一览表 表6.3-3

序号	桩号	芯样位置	面层		基层		底基层	
			厚度(cm)	病害描述	厚度(cm)	病害描述	厚度(cm)	病害描述
1	K0+440	沥青路面纵缝处	4	开裂	16	开裂部分散碎	10	散碎,部分未取出
2	K0+440	沥青路面完好处	4	完好	17	完好	11	部分取出
3	K4+527	沥青路面完好处	4.5	完好	20	散碎		
4	……							
5	……							

a)K0+440沥青路面纵缝处钻芯

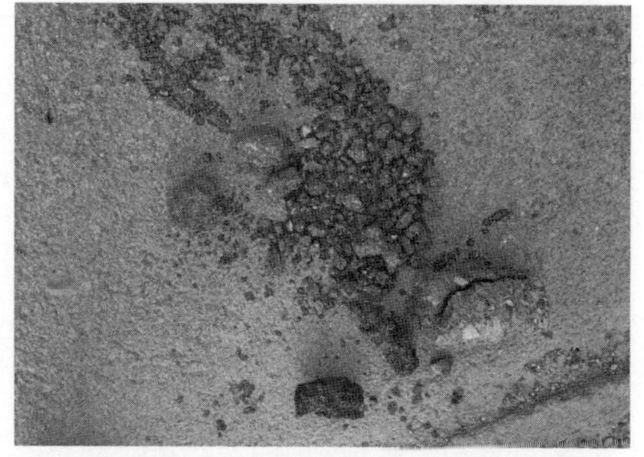

b)面层开裂、基层开裂、底基层破碎

c)K0+440沥青路面完好处钻芯

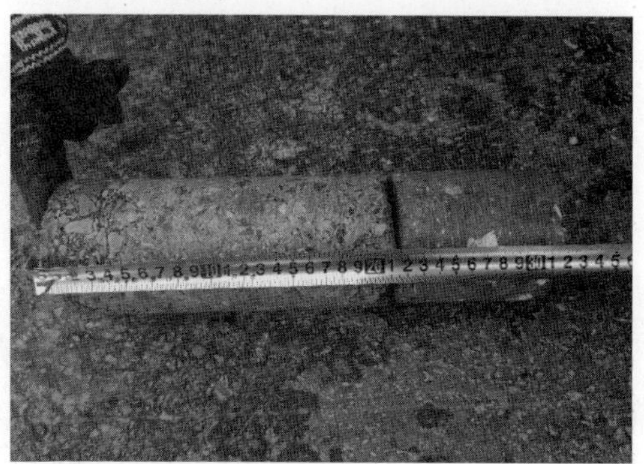

d)面层基层完好

图 6.3-2

e)K4+527沥青路面完好处钻芯

f)面层完好、基层破碎

图6.3-2　钻芯取样照片

3)挖探

对K7 +625处沥青路面龟裂处进行挖探。通过对沥青路面龟裂处挖探可以看出，沥青层强度不足，已出现松散现象(图6.3-3)。

图6.3-3　挖探取样照片

6.3.2　交通安全设施和沿线绿化损坏状况

K××+×××~K××+×××段右侧临坑，坑深4~5m，现状无防护设施。

6.3.3　路面高程调查

上跨结构物净空的限制包括门架或悬臂式道路交通安全设施和标志、线缆等一切由于铺筑上面层可能影响净空要求的结构物。通过对全线上跨结构物净空测量，部分线缆净空高度不满足要求，施工前需与电力部门沟通处治。K9 +179门架处调整纵断高程后净空不满足规范要求，需进行处治(见表6.3-4)。

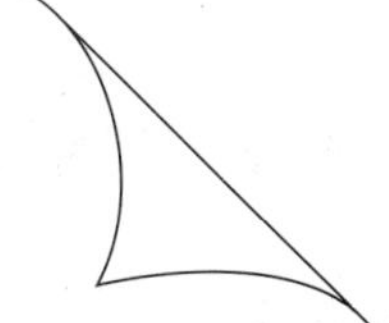

净空数据调查表 表6.3-4

序号	桩号	净空(m)	构造物	序号	桩号	净空(m)	构造物	序号	桩号	净空(m)	构造物
1	K0 +037	5.70	线缆	30	K2 +514	6.13	线缆	59	K6 +759	5.20	线缆
2	K0 +065	7.43	高压线	31	K2 +554	4.82	线缆	60	K6 +884	4.93	线缆
3	K0 +557	5.09	线缆	32	K2 +631	5.60	线缆	61	K6 +917	4.32	线缆
4	K0 +725	7.00	线缆	33	K2 +672	5.42	线缆	62	K6 +934	4.10	线缆
5	K1 +096	4.93	线缆	34	K2 +729	4.83	线缆	63	K6 +965	4.30	线缆
6	K1 +101	8.88	高压线	35	K2 +785	4.75	线缆	64	K6 +994	4.40	线缆
7	K1 +106	5.19	线缆	36	K2 +811	5.45	线缆	65	K7 +010	4.80	线缆
8	K1 +233	9.20	高压线	37	K2 +834	5.05	线缆	66	K7 +062	4.70	线缆
9	K1 +409	5.15	线缆	38	K2 +898	4.90	线缆	67	K7 +069	4.45	线缆
10	K1 +457	5.70	高压线	39	K2 +926	4.80	线缆	68	K7 +206	4.50	线缆
11	K1 +509	5.50	线缆	40	K2 +982	4.98	线缆	69	K8 +122	5.00	线缆
12	K1 +602	5.10	线缆	41	K3 +057	5.16	线缆	70	K8 +198	4.50	东庄里门架
13	K1 +647	5.24	线缆	42	K3 +128	5.09	线缆	71	K8 +362	4.66	线缆
14	K1 +744	5.60	线缆	43	K3 +174	5.38	线缆	72	K8 +507	4.10	线缆
15	K1 +823	5.27	线缆	44	K3 +193	4.80	线缆	73	K8 +477	4.53	线缆
16	K1 +828	5.23	线缆	45	K3 +290	4.80	线缆	74	K8 +725	4.20	线缆
17	K1 +831	5.05	线缆	46	K3 +305	4.80	线缆	75	K9 +179	4.50	东庄里门架
18	K1 +867	4.98	线缆	47	K3 +376	5.30	线缆	76	K9 +159	4.47	线缆
19	K1 +990	5.99	线缆	48	K3 +434	5.40	线缆	77	K10 +129	4.86	线缆
20	K2 +051	8.49	高压线	49	K4 +078	4.88	线缆	78	K10 +177	5.00	线缆
21	K2 +061	5.66	线缆	50	K4 +091	4.77	线缆	79	K10 +263	4.00	线缆
22	K2 +144	4.75	线缆	51	K4 +164	4.81	线缆	80	K10 +469	4.10	线缆
23	K2 +231	5.71	线缆	52	K4 +618	5.86	线缆	81	K10 +746	5.20	线缆
24	K2 +292	5.40	线缆	53	K5 +103	4.59	线缆	82	K10 +958	5.09	线缆
25	K2 +337	5.24	线缆	54	K5 +213	4.60	高压线	83	K10 +978	5.53	线缆
26	K2 +398	5.39	线缆	55	K6 +426	4.50	线缆	84	K11 +123	4.10	线缆
27	K2 +460	5.10	线缆	56	K6 +605	4.50	线缆	85	K11 +182	4.60	线缆
28	K2 +488	4.96	线缆	57	K6 +682	4.80	线缆				
29	K2 +495	6.20	线缆	58	K6 +768	4.70	线缆				

6.4 养护方案

6.4.1 路面养护方案

养护路段共分为三个设计单元,其中第一、二养护单元采取结构性修复;第三养护单元采取功能性修复。各设计单元方案,如图6.4-1和图6.4-2及表6.4-1所示。

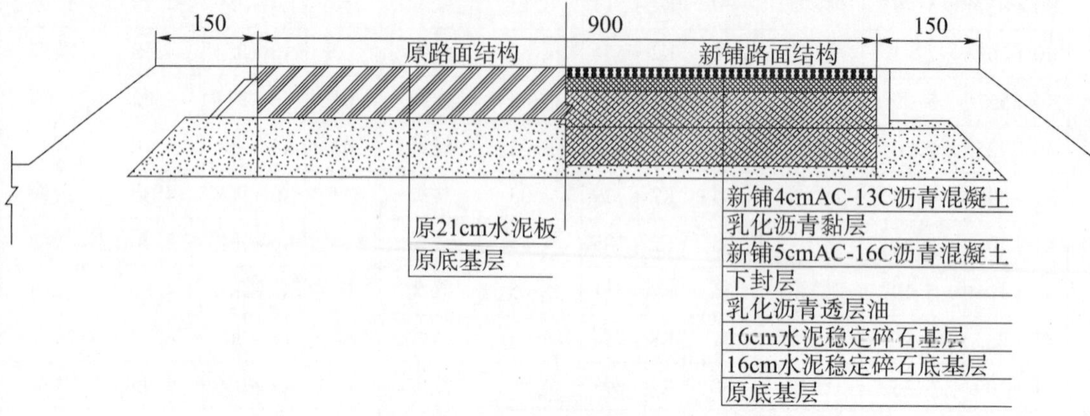

图6.4-1 第一养护单元结构性修复方案(尺寸单位:cm)

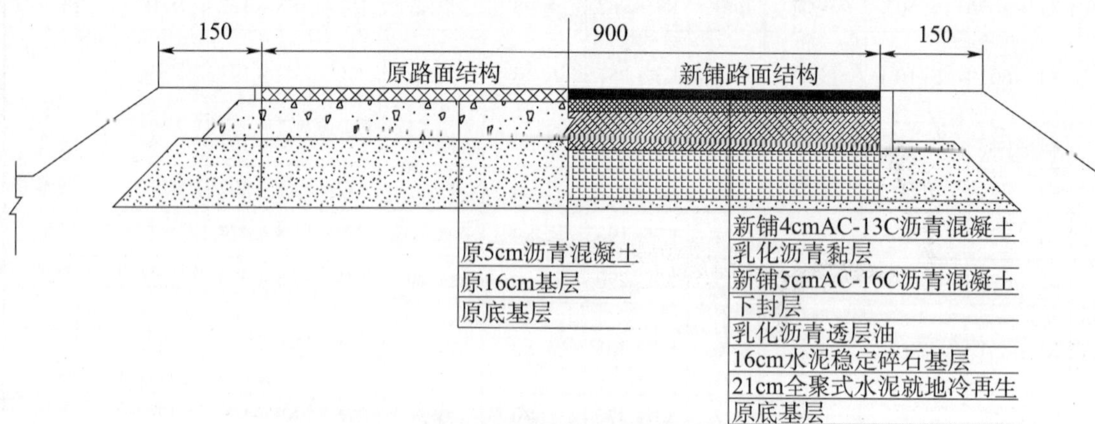

图6.4-2 第二养护单元沥青混凝土路面方案一(尺寸单位:cm)

两个过村段沥青混凝土路面方案的比较 表6.4-1

方 案	优 点	缺 点
过村段沥青路面方案一	(1)将原路面石灰土底基层更新为全深式就地水泥冷再生下基层,增加了基层厚度,提高了路面的承载能力; (2)沥青及水稳铣刨废料利用,节约资源、低碳环保	造价较高
过村段沥青路面方案二	(1)新铺水泥稳定碎石基层,恢复了承载能力; (2)造价较低	沥青及水稳铣刨料废弃,浪费资源

第一设计单元(结构性修复):K×+×××~K××+×××段。

K×+×××~K××+×××段为××级路,共计××km,路面宽××m,路基宽××m。

该路段主要表现为龟裂、纵横向裂缝等。公路技术状况评价上行PCI平均××,评价为××。

项目路段病害分布较广,主要病害形式……,钻芯情况……故方案(图6.4-1)如下。

凿除原路面21cm水泥混凝土,挖除20cm水泥稳定碎石基层,然后铺筑16cm水泥稳定碎石+16cm水泥稳定碎石+5cmAC-16C沥青混凝土+4cmAC-13C沥青混凝土,路面高程不变。

第二设计单元(结构性修复):K×+×××~K××+×××段。

K×+×××~K××+×××段为××级路,共计××km,路面宽××m,路基宽××m。该路段主要表现为龟裂、纵横向裂缝等。公路技术状况评价上行PCI平均××,评价为××。

项目路段病害分布较广,主要病害形式……,钻芯情况……故方案如下。

过村段沥青混凝土路面方案一(图6.4-2):铣刨挖除原路面5cm沥青混凝土+16cm水泥稳定碎石+25cm石灰土,利用挖出的沥青混凝土和水泥稳定碎石回填做21cm全深式水泥就地冷再生;然后铺筑16cm水泥稳定碎石+5cmAC-16C沥青混凝土+4cmAC-13C沥青混凝土,路面高程不变。

过村段沥青混凝土路面方案二:铣刨挖除原路面5cm沥青混凝土+16cm水泥稳定碎石,铣刨4cm石灰土底基层,并对石灰土底基层局部病害进行处治;然后铺筑16cm水泥稳定碎石+5cmAC-16C沥青混凝土+4cmAC-13C沥青混凝土,路面高程不变。

综合考虑过村段沥青混凝土路面,推荐采用方案一。

第三设计单元(功能性修复):K×+×××~K××+×××段。

K×+×××~K××+×××段为××级路,共计××km,路面宽××m,路基宽××m。该路段主要表现为龟裂、纵横向裂缝等。公路技术状况评价上行PCI平均××,评价为××。

项目路段病害分布较广,主要病害形式……,钻芯情况……故方案如下:

对K××+×××~K××+×××段局部挖补治理后,全断面加铺5cm AC-16C沥青混合料罩面层,两侧设置路缘石。

6.4.2　路基处理方案

K××+×××~K××+×××段路面出现严重翻浆、唧泥病害,需对旧路路床进行处理……

6.4.3　桥梁涵洞维修加固

对K5+587小桥沥青桥面铺装进行铣刨重铺处理,对防水混凝土铺装层进行局部维修。

6.4.4 平交道口处置

平交口交角、宽度与原被交道路保持一致,均进行硬化处理。其中对于等级路平交口,采用在本项目路段平交口两侧铣刨顺坡的方式进行处理;对于非等级平交口,采用在被交路顺坡的方式进行处理。

6.4.5 交通安全设施

路基护栏:在 K××+×××~K××+××× 段右侧新增 B 级钢护栏,共计 108m。

交通标志:按照规范要求,更换或增设交通标志 15 处。

交通标线:按照规范要求,对养护后的路面或平交道口重新施划交通标线等 11.218km。

6.4.6 绿化

对道路两侧或道路重要节点的绿化,按照需求进行补植、更换和新增种植;选用适合当地生存、绿化效果好的乔灌木和花草。

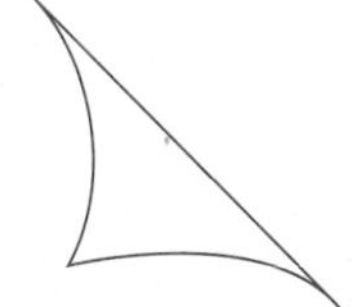

7 投资估算和资金筹措

7.1 单价费用取用标准

7.1.1 人工、材料、机械单价

1)人工工日单价

交通运输部关于印发《河北省公路工程基本建设项目概算预算编制补充规定》的通知(冀交基〔2019〕179号),人工费单价取定为103.00元/工日。

2)材料预算单价

本项目外购材料供应地为保定满城,保定至工地平均运距××km。材料信息价根据河北省公路工程定额站公布的2020年5月材料价格信息取定。

地方性材料均为自采,各分段工地至料场距离依据实际取定。

3)机械使用费

施工机械台班预算价格按《公路工程机械台班费用定额》(JTG/T 3833—2018)计算。

7.1.2 其他工程费

1)措施费、企业管理费和专项费、规费

措施费、企业管理费、专项费用依据中华人民共和国行业标准《公路工程建设项目投资估算编制办法》(JTG 3820—2018)计列;规费依据河北省交通运输厅关于印发《河北省公路工程基本建设项目概算预算编制补充规定》(冀交基〔2019〕179号)计列。

2)利润、税金

利润按定额直接费、措施费、企业管理费之和的7.42%计算;

税金=(直接费+设备购置费+措施费+企业管理费+规费+利润)×9%。

3)安全生产费

安全生产费以建筑安装工程费(不含安全生产费本身)为基数,按1.5%费率计算。

7.1.3 工程建设其他费用

1)建设项目管理费

建设项目管理费,依据中华人民共和国行业标准《公路工程建设项目投资估算编制办法》(JTG 3820—2018)的有关标准计列。它包括建设单位(业主)管理费、建设项目信息化费、工程监理费、设计文件审查费、竣(交)工验收试验检测费。

2)建设项目前期工作费

建设项目前期工作费,包括建设项目前期工作咨询费、勘察设计费、竣工图编制费、招标文件及造价控制值编制费。

其中,前期工作咨询费:依据国家计委计价格〔1999〕1283号、省物价局、省计委冀价经费字〔2000〕10号文计列,包括工程可行性研究报告编制费和工可报告评估费。勘察设计费:依据中华人民共和国行业标准《公路工程建设项目投资估算编制办法》(JTG 3820—2018)的有关标准计列。

3)工程保通管理费

工程保通管理费:计列公告发布、宣传等费用及协管人员经费等。

4)工程保险费

工程保险费:依据中华人民共和国行业标准《公路工程建设项目投资估算编制办法》(JTG 3820—2018)的有关标准计列。

7.1.4 预备费用

基本预备费:参考估算编制办法的规定及养护项目的特殊性,取9%。

7.2 投资估算

本项目估算投资××万元。其中,建安费××万元,拆迁补偿费用××万元,工程建设其他费用××万元,预备费××万元,平均每公里造价××万元。投资估算见下表(略)……

7.3 资金筹措

本项目投资全部由××市财政局承担,由××市农村公路管理处组织实施,列入2020年财政预算……

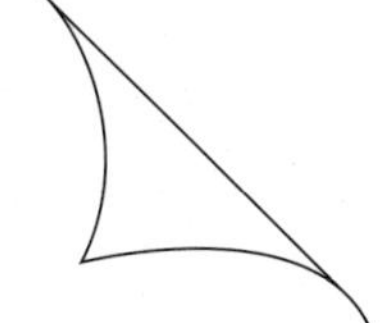

8 实施方案

8.1 施工方案

1)路面工程

路面工程采用机械化施工方案。为保证路面各结构层具有足够的强度和稳定性,底基层采用稳定土拌和机;无机结合料稳定碎石基层采用专用拌和设备厂拌,摊铺机摊铺。沥青混合料采用固定式拌和设备厂拌,沥青混合料摊铺机摊铺。

2)主体工程、沿线设施及环境保护工程

主体工程基本完成后,即可开展沿线设施与环境保护工程的施工。沿线设施包括交通标志、安全、管理设施等;环境保护工程为路基两侧植树和边坡种草等工程。

3)汛期施工

若施工遇到汛期时段,要建立健全汛期施工安全防汛值班制度和报告制度,提高警惕,防患未然。及时收集工地汛期信息,认真关注天气情况,发现暴风雨天及各施工现场汛情突变应及时向值班领导报告情况。

8.2 交通组织方案

本项目采用断交施工的交通组织方式,施工期间,沿线××村、××镇……可通过乡道×××进行绕行。其绕行路线见下图(略)……

8.3 进度安排

本工程计划2020年5月完成本项目工程可行性研究报告的编制,2020年6月底开展勘察设计招标,2020年7月完成施工图设计、开展施工监理招标,2020年8月开工建设,2020年12月建设完成。

8.4 项目招标方案

8.4.1 招标采购委托

招标人、采购人根据资金来源和项目性质,委托相应的代理机构代理招标,并签订委托代理协议书。协议书中应载明委托事项范围、完成时限及收费标准等内容。

8.4.2 发布招标信息

招标信息应于正式发售招标文件5日前,在报纸、招标网站及市招标采购交易中心电子屏上发布。在各种媒体上发布的招标信息公告内容应当规范统一。

8.4.3 编制招标文件

招标文件由招标人或招标代理机构根据相关部门提供的相应类别的招标文件范本编制。国家行业主管部门发布行业招标规范文本的,需结合行业规范文本编制,经招标人确认后由代理机构发售,并报主管部门备案。

8.4.4 投标

投标人应当在招标文件要求的提交投标文件截止时间前,将投标文件送达投标地点。招标人收到投标文件后,应当签收保存,不得开启。投标人少于三个的,招标人应当重新招标,或经有关行政监督管理部门同意后采用其他招标采购方式。

8.4.5 开标

开标由招标人或招标人委托的代理机构主持,所有投标人或投标人授权代表及相关监督管理部门参加。

8.4.6 评标

评标由招标人依法组建的评标委员会负责,招标人可以在本市统一的评标专家库中选择评标专家,也可以在本市以外符合国家规定的专家库中随机选择评标专家。

8.4.7 定标

招标人审定评标报告,并根据评标委员会推荐的候选人按顺序决定中标人……

8.4.8 监督检查

有关行政监督管理部门对招标采购活动具有法定的监督管理职责,应当对招标采购活动实施全程监督检查。

9 土地利用评价

本项目为养护项目,无新增占地。

10　工程环境影响分析

根据《中华人民共和国环境保护法》和原交通部第17号令发布关于《交通建设项目环境保护法》和(91)交政法字43号文关于修改《交通建设项目环境保护管理办法》的通知中有关规定,为保护环境、维持生态平衡、防治大气污染、净化水体,在公路工程前期工作阶段及勘测设计中,应综合考虑公路建设期与营运期对公路沿线社会环境、自然环境保护问题。本项目环境评价由项目主管部门委托具有相应资质的环境保护研究机构进行专项论证,本报告仅对前期工作中所涉及的环境影响及敏感问题进行定性的分析。

10.1　沿线环境特征

10.1.1　生态环境

本项目道路工程位于××市,沿线主要为平原区,沿线粮食作物以小麦、玉米为主。树种以杨树、柳树和各种经济林果类树种为主。沿线无珍稀野生动植物资源、自然保护区等,沿线穿越数个村落。本项目为对既有公路的维修工程,其施工影响范围局限在公路范围以内,对周围环境影响较小。

10.1.2　社会环境

拟养护公路是××市公路网的重要组成部分,现状道路等级低,路况差,严重制约当地社会经济发展。随着区域经济的快速发展,交通需求不断增大,研究项目的实施将为带动地方经济发展、优化投资环境具有重要的作用。从地方利益的角度分析,研究项目符合地方经济发展利益,为沿线人民出行带来便捷的条件,所取得的社会效益巨大,地方政府及沿线人民均对修建本项目给予肯定和大力支持。

10.2　环境影响和措施

10.2.1　生态环境影响分析

……

10.2.2　声环境影响分析

……

10.2.3　水环境影响分析

……

10.2.4　大气环境影响分析

……

10.2.5　固体废弃物环境影响分析

……

10.2.6 社会环境影响分析

……

10.2.7 减缓工程环境影响的对策

1)设计期环境保护对策

在初步设计和施工图设计过程中,应进一步优化设计方案,尽可能利用项目区原有地方道路通道资源和土地资源,最大可能地少占农田,尽量远离村庄、学校等声环境、水环境和大气环境敏感点,合理设计材料运输路线,尽量远离居民区,避免扬尘、噪声等影响居民……

2)施工期环境保护对策

(1)生态环境保护对策。

……

(2)声环境保护对策。

……

(3)水环境保护对策。

……

(4)大气环境保护对策。

……

(5)固体废弃物处理对策。

……

(6)社会环境保护对策。

……

3)运营期环境保护对策

(1)生态环境保护对策。

……

(2)声环境保护对策。

……

(3)水环境保护对策。

……

(4)大气环境保护对策。

……

(5)固体废弃物处理对策。

……

(6)社会环境保护对策。

……

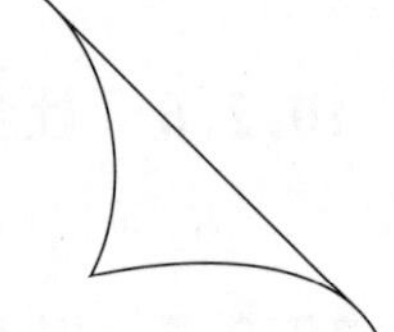

11 社会评价

11.1 社会影响分析

11.1.1 项目对所在地区居民就业和收入的影响

本项目对当地居民的就业和收入不会产生负面影响。本项目的开工建设也会提供就业机会,在一定程度上缓解当地居民的就业问题。

本项目的实施将有利于项目走廊的开发建设,有利于××市对外的集散,有利于沿线村镇农副产品外运。

综上所述,本项目对所在地区居民就业和收入的提高有正面影响。

11.1.2 项目对所在地区居民生活水平和生活质量的影响

本项目的实施,将明显改善项目影响区的公路交通状况,提高交通安全、舒适程度,为当地的快速发展奠定良好的交通基础,促进沿线区域经济的协调发展,为项目所在地区居民提供较多的就业机会,增加居民收入,从而提高所在地区居民生活水平和生活质量。

11.1.3 项目对所在地区不同利益群体的影响

项目的建设需要大量的建筑材料,该地区的建筑材料承销商将从中受益。项目的建设有利于节约运输时间、提高交通安全、降低车辆运营费用,交通运输业者和沿途群众将从中受益。项目的建设将吸引更多的人才、技术流动,沿线区域工业经济的发展,商业投资者将从中受益。

11.1.4 项目对所在地区弱势群体利益的影响

项目建设期间,公路施工不利于沿线周围村镇儿童和残疾人的出行,施工产生的噪声和污染对病人及孕期妇女将产生不利的影响。因此,建议施工单位严格遵守有关施工法规,设置可以安全通行的临时道路,同时设置安全防护措施,尽量减少噪声和污染。项目建成后将明显改善道路通行状况,提高安全性和舒适程度,有利于沿途妇女、儿童和残疾人士上学、外出。

11.1.5 项目对所在地区文化、教育、卫生的影响

项目建成后带动沿线区域经济快速发展,使地区之间沟通更加便捷,当地文化教育水平也相应得到提高。本项目实施后,路况将明显改善,并且根据交通量、人口分布等具体情况,在公路适当位置设置隔音屏障和绿化带。拟建项目除美化环境外,还可以减轻汽车噪声和尾气对公路两侧造成的环境污染,对当地卫生无不利影响。

11.1.6 项目对当地基础设施、社会服务容量和城市化进程等的影响

本项目的实施本身就是对当地基础设施的养护,为沿线地方经济的发展奠定良好的交通基础。项目的建成将改善影响区的公路交通条件,促进人流、物流、资金流的快速、高效流动,对于影响区的城市化进程产生积极影响。

11.1.7 项目对所在地区少数民族风俗习惯和宗教的影响

项目的建设和运营符合国家的民族和宗教政策,不会引发民族矛盾、宗教纠纷。

11.2 互适性分析

11.2.1 与项目直接相关的不同利益群体对项目建设和运营的态度及参与程度

项目的建设将明显改善交通运输条件,加强了路线走廊的对外经济交流能力。

……

因此,与项目直接相关的不同利益群体对项目建设和运营持支持态度,并会积极参与项目的建设和运营。

11.2.2 项目所在地区的各类组织对项目建设和运营的态度

项目沿线区域经济发展将从中受益,各部门表示将给予大力支持,做好协调配合,从各方面提出合理化建议。沿线经过地区涉及的主要部门对本项目均持积极态度。

11.2.3 项目所在区域现有技术、文化状况与项目建设和发展的适应程度

本项目所在县市属河北省经济发达地区,优越的地理位置造就了充裕的高素质建筑企业和人力资源,项目建设和运营后所需的各类人员充足,完全能够满足项目的要求。

11.3 社会风险分析

公路的建设带来的经济、社会效益是突出的,但是公路建设所带来的不利影响也是不容忽视的。例如,征地、拆迁及生态环境问题。对此类问题如果处理不当,必然会引发严重的社会风险,给社会带来不稳定因素。另外,生态系统及环境的影响也是不容忽视的问题。

1)征地社会风险

本项目无新增占地。

2)拆迁社会风险

本项目不涉及拆迁问题。

3)生态环境问题

公路建设施工期堆放石灰、砂、石料场、沥青、水泥混合料和沥青混合料拌和场产生大量粉尘、烟雾、灰粉等污染;机械化施工、挖土、取土、弃土而造成土地(农田)水土流失、植被破坏,还有大量的固体废弃物污染。公路运营后,以汽油、柴油为燃料的汽

车开动时会产生废气和固体微粒,这些污染物排放到大气中,渗透到水、土壤中,将会造成严重大气污染和水污染。这种污染的程度随着公路运营时间的增长及交通量的增加而不断加重,从而威胁沿线居民及各种生物的生存环境,产生一定的生态环境风险。

为规避这种社会风险的发生,公路在建设之前及运营后必须采取适当措施。在公路的规划设计中,须对沿线生态、环境作充分的调整以保证公路与环境的协调,尽量减少公路对生态、环境的破坏。公路运营后,要制定相关法规,严格控制上路车辆的噪声及废气排放。绿化工程是公路建设的重要组成部分,它有改善道路景观、美化环境、调节气候、净化空气、改善大气环境、降低交通噪声等作用。总之,做好公路的绿化,使之成为一个“生态绿化带”是至关重要的。

11.4 社会评价结论

通过进行社会影响分析、互适性分析,结果表明本项目的实施有利于促进沿线地区社会进步,维护和发展沿线地区的社会福利。分析评估之后,得到了沿线地区广大群众和各级政府组织机构的支持,因此,本项目实施具有良好的社会基础。

12 问题与建议

(1)本项目为养护工程,应树立道路全寿命周期成本意识,加强路况检测评定等基础性工作;并根据评定指标采取养护对策,科学制订预防养护计划,降低道路的全寿命周期成本。

(2)加大科技创新力度,积极引进并深入研究路面预防养护技术,以最经济的方式达到最佳的养护效果,实现全寿命周期公路养护成本最小化。

(3)施工期间要做好交通组织、疏导及施工安全工作,防止交通堵塞及意外的发生。

附件：图纸目录

目　　录

项目名称：××市乡道××至××养护项目

序号	图纸名称	图号	页数	序号	图纸名称	图号	页数
	方案一（推荐方案）				方案二（比较方案）		
	一、总体、路线			16	路面工程数量估算表	GK2-1-1	
1	项目地理位置图	GK1-1-1		17	路面结构方案图	GK2-1-2	
2	养护路段示意图	GK1-1-2		18	比较方案投资估算		
	二、路基、路面						
3	路基标准横断面图	GK1-2-1					
4	路基路面病害调查统计表	GK1-2-2					
5	路基病害治理工程数量估算表	GK1-2-3					
6	路基病害治理方案图	GK1-2-4					
7	路面病害治理工程数量估算表	GK1-2-5					
8	路面病害治理方案图						
	三、桥梁、涵洞						
9	桥涵病害治理工程数量估算表	GK1-3-1					
10	桥涵病害治理方案图	GK1-3-2					
	四、交叉工程						
11	交叉工程数量估算表	GK1-4-1					
12	交叉工程方案图	GK1-4-2					
	五、交通工程及沿线设施						
13	沿线设施工程估算表	GK1-5-1					
	六、绿化工程						
14	绿化工程数量估算表	GK1-6-1					
	七、投资估算						
15	估算表格